中华文化风采录

绝美自然风景
神秘的仙山

刘晓丽 编著

北方妇女儿童出版社
·长春·

版权所有　侵权必究

图书在版编目(CIP)数据

神秘的仙山 / 刘晓丽编著. —长春：北方妇女儿童出版社，2017.1（2022.8重印）
（绝美自然风景）
ISBN 978-7-5585-0830-1

Ⅰ．①神… Ⅱ．①刘… Ⅲ．①道教－山－介绍－中国　Ⅳ．①B957.2②K928.3

中国版本图书馆CIP数据核字(2017)第009935号

神秘的仙山
SHENMI DE XIANSHAN

出 版 人	师晓晖	
责任编辑	吴　桐	
开　　本	700mm×1000mm　1/16	
印　　张	6	
字　　数	85千字	
版　　次	2017年1月第1版	
印　　次	2022年8月第3次印刷	
印　　刷	永清县晔盛亚胶印有限公司	
出　　版	北方妇女儿童出版社	
发　　行	北方妇女儿童出版社	
地　　址	长春市福祉大路5788号	
电　　话	总编办：0431-81629600	

定　价　36.00元

序 言

习近平总书记说："提高国家文化软实力，要努力展示中华文化独特魅力。在5000多年文明发展进程中，中华民族创造了博大精深的灿烂文化，要使中华民族最基本的文化基因与当代文化相适应、与现代社会相协调，以人们喜闻乐见、具有广泛参与性的方式推广开来，把跨越时空、超越国度、富有永恒魅力、具有当代价值的文化精神弘扬起来，把继承传统优秀文化又弘扬时代精神、立足本国又面向世界的当代中国文化创新成果传播出去。"

为此，党和政府十分重视优秀的先进的文化建设，特别是随着经济的腾飞，提出了中华文化伟大复兴的号召。当然，要实现中华文化伟大复兴，首先要站在传统文化前沿，薪火相传，一脉相承，弘扬和发展5000多年来优秀的、光明的、先进的、科学的、文明的和自豪的文化，融合古今中外一切文化精华，构建具有中国特色的现代民族文化，向世界和未来展示中华民族具有独特魅力的文化风采。

中华文化就是中华民族及其祖先所创造的、为中华民族世世代代所继承发展的、具有鲜明民族特色而内涵博大精深的优良传统文化，历史十分悠久，流传非常广泛，在世界上拥有巨大的影响力，是世界上唯一绵延不绝而从没中断的古老文化，并始终充满了生机与活力。

浩浩历史长河，熊熊文明薪火，中华文化源远流长，滚滚黄河、滔滔长江是最直接的源头，这两大文化浪涛经过千百年冲刷洗礼和不断交流、融合以及沉淀，最终形成了求同存异、兼收并蓄的辉煌灿烂的中华文明。

中华文化曾是东方文化的摇篮，也是推动整个世界始终发展的动力。早在500年前，中华文化催生了欧洲文艺复兴运动和地理大发现。在200年前，中华文化推动了欧洲启蒙运动和现代思想。中国四大发明先后传到西方，对于促进西方工业社会形成和发展曾起到了重要作用。中国文化最具博大性和包容性，所以世界各国都已经掀起中国文化热。

中华文化的力量，已经深深熔铸到我们的生命力、创造力和凝聚力中，是我们民族的基因。中华民族的精神，也已深深根植于绵延数千年的优秀文

序言

化传统之中，是我们的精神家园。但是，当我们为中华文化而自豪时，也要正视其在近代衰微的历史。相对于5000年的灿烂文化来说，这仅仅是短暂的低潮，是喷薄前的力量积聚。

中国文化博大精深，是中华各族人民5000多年来创造、传承下来的物质文明和精神文明的总和，其内容包罗万象，浩若星汉，具有很强的文化纵深感，蕴含丰富的宝藏。传承和弘扬优秀民族文化传统，保护民族文化遗产，已经受到社会各界重视。这不但对中华民族复兴大业具有深远意义，而且对人类文化多样性保护也有重要贡献。

特别是我国经过伟大的改革开放，已经开始崛起与复兴。但文化是立国之根，大国崛起最终体现在文化的繁荣发展上。特别是当今我国走大国和平崛起之路的过程，必然也是我国文化实现伟大复兴的过程。随着中国文化的软实力增强，能够有力加快我们融入世界的步伐，推动我们为人类进步做出更大贡献。

为此，在有关部门和专家指导下，我们搜集、整理了大量古今资料和最新研究成果，特别编撰了本套图书。主要包括传统建筑艺术、千秋圣殿奇观、历来古景风采、古老历史遗产、昔日瑰宝工艺、绝美自然风景、丰富民俗文化、美好生活品质、国粹书画魅力、浩瀚经典宝库等，充分显示了中华民族厚重的文化底蕴和强大的民族凝聚力，具有极强的系统性、广博性和规模性。

本套图书全景展现，包罗万象；故事讲述，语言通俗；图文并茂，形象直观；古风古雅，格调温馨，具有很强的可读性、欣赏性和知识性，能够让广大读者全面触摸和感受中国文化的内涵与魅力，增强民族自尊心和文化自豪感，并能很好地继承和弘扬中国文化，创造未来中国特色的先进民族文化，引领中华民族走向伟大复兴，在未来世界的舞台上，在中华复兴的绚丽之梦里，展现出龙飞凤舞的独特魅力。

目录

道教第一仙境——龙虎山

张道陵炼神丹而龙虎显现　002
大上清宫中的百神传说　005
天师府的神道合居盛景　010
龙虎山道教文化的兴盛之路　016

江南第一名山——齐云山

024　齐云山道教的玄帝像传说
031　明世宗上山求子使道教兴盛
034　渐入仙关的望仙亭传说
038　道教与民众相融的生活图景

目录

天下第一仙山——武当山

真武大帝被封坐镇武当山 044
武当山道教的祈雨传说 048
紫霄福地内的精巧建筑 054
宛若天宫的南岩宫胜景 063
皇权和神权融合的太和宫 068
环绕金顶的动人神话传说 075
如出水芙蓉般的复真观 081
玄岳门内神灵一视同仁 085
竹月梅风巧相映的磨针井 088

道教第一仙境 龙虎山

龙虎山，原名云锦山，坐落于江西省贵溪县西南部，是独秀江南的秀水灵山。此地群峰绵延数十千米，以"九十九峰""二十四岩""一百零八景"著称。

它是我国典型的丹霞地貌风景，因此被列入了《世界自然遗产名录》，是我国宝贵的自然遗产之一。

龙虎山是道教正一道天师派的祖庭，是我国道教发祥地。其山的形状若龙盘，似虎踞，风景秀美，集天地灵气，位居道教名山之首，被誉为我国道教第一仙境。

张道陵炼神丹而龙虎显现

道教是我国土生土长的教派,兴于东汉末年,源于传统文化,因此影响颇为深远。

自古名山僧占多,道士也不落下风。公元61年左右,道教正一道创始人张道陵为了寻找修道宝地,他带着弟子王长云游各地,无意间踏入了位于现今江西省贵溪县西南部的云锦山。

张道陵是今江苏省丰县人,他曾是太学学生,学识渊博,声名远播,在当时吴越一带,有学生千余人,可是他在仕途上却不得志。

转眼间,张道陵已经年过半百,而且经常身体不适,他不由得仰天长叹道:"想我一世饱学,竟然对自己

张道陵塑像

■ 龙虎山正一观

的身体和年寿，却没有半点益处，还不如学些延年益寿的本领啊！"

于是，张道陵决定离家远游，追寻长生之道。在临行前，他向众弟子告辞，其中一位名叫王长的弟子，愿意随他同去。张道陵便遣散其他学生，带着王长离开了家乡。

师徒两人游遍名山大川，先在河南省洛阳的北邙山等处修道。后来，张道陵带领弟子王长从淮河到达江西的鄱阳湖，在两只仙鹤引导下，不知不觉来到了贵溪的云锦山。只见云锦山犹如99条龙在此集结，山丹水绿，灵性十足，他大喜，视为修道福地，于是在此设坛修炼。

传说他们住在云锦山时，张道陵在山岩上发现了一本异书，他照着书中的指点，开始修炼九天神丹。

当炼到一年的时候，红光满室。当炼到第二年时，有五色云彩覆盖在鼎上。当炼到第三年时，神丹

吴越 是春秋时期吴国、越国故地的并称，泛指后来的江苏、安徽、浙江、上海一带地区。吴越民系是古老的江东民系，共同缔造了这片地域。

真人 泛指品德道德高尚正直的人。老子、庄子等都被封为真人。在道家、道教中也用来称呼存养本性或修真得道的人，常用作称号。

终于炼成，有一条青龙和一只白虎同时出现在空中护卫着他，于是他把神丹取名为"龙虎神丹"，也把云锦山改称为龙虎山。

张道陵吃了神丹，从此成了神仙真人，开创了"正一道"。后来他便开始云游四海，讲道布教，当时人们称他为张天师。

张道陵的孙子张鲁投降曹操后，张鲁和他的教徒都被迁移到今河南省洛阳和邺城一带。到了张鲁儿子张盛时，他拒绝曹操的封赏，便带着张道陵传下来的剑和印，按照张天师遗训，到了龙虎山。

从此，张天师的子孙便长期定居在龙虎山，在此创建坛宇招徒传教，也同时开启了龙虎山道教文化的历史。

截止到现在，正一道世袭道统63代，历时1800余年，每代天师均得到历代封建王朝的崇奉和册封，先后在龙虎山建有10座道宫，81座道观，36座道院，其规模十分壮丽豪华。

阅读链接

传说张道陵炼成仙丹以后，看到身边弟子大多不足以托付重任，所以他只服了半剂丹药，成为地仙，开始寻找托付道教的门徒。不久，从东方来了一位名叫赵升的青年，天师一眼就看中他，决定将道教重任托付于他。

一天，张道陵带领众弟子登上云台峰绝崖，忽然张道陵分开众人，朝悬崖一跃而下。众弟子齐站崖边，不见师父踪影，一时惊骇悲啼，失望而归。只有赵升和一直追随张道陵的弟子王长站在崖边相视不语。

停了好久，两人异口同声说："师者，父也！自投不测之崖，吾辈何能自安？唯有随师父去吧！"说罢，两人一起身，朝张道陵所投方向跃去。忽然一阵风起，两弟子正好落身在师父两侧。张道陵笑道："我知道你俩会来！"

于是，张道陵在崖下将大道要术悉数传与了两人，传授完毕，张道陵服食了剩下的半剂丹药。忽然天空飞来一只仙鹤，张道陵乘着仙鹤升天而去了。

大上清宫中的百神传说

在龙虎山诸多的道观之中,大上清宫是最早建成的道观,于唐武宗841年至846年间所建。

大上清宫坐落于龙虎山脚下的上清镇东边,古代这里称为仙源乡

龙虎山大上清宫

■ 真仙观 即大上清宫，始建于唐代，原为张道陵修道之所。真仙观是它最初建成时所用的名字。它左拥象山，门对泸溪，面云林，枕台石，是历代天师供祀神仙之所，故有"仙灵都会"和"百神受职之所"的美称。

招宾里。这里溪山环拱，传说有9条龙在这里，是神仙和灵兽聚集的地方。有民谣说：

九龙集结上清宫，天师擒妖显神通。
唯有一龙不伏法，顺水飘游遇虎凶。

这9条龙指的就是大上清宫周围的天门山、台山、乌剑山、狮子山、冲天峰、应天山、西华山、乌龟山和圣井山。

大上清宫源于道教祖师张道陵在龙虎山炼丹时居住的"天师草堂"。大约在215年至220年间，第四代天师张盛从陕南汉中迁回江西龙虎山承启道教，在此建造了"传箓坛"。

龙虎山道教历史上的第一个道观便建成了。真仙观建成之后，又多次更名。

在北宋时期，符箓科教道法特别兴盛。1008年至

符箓 是道教中的一种法术，也称"符字""墨箓"和"丹书"。道教认为，符箓是天神的文字，是传达天神意旨的符信，用它可以召神劾鬼，降妖镇魔，治病除灾。

1016年间，宋真宗召见第二十四代天师张正随吏部授箓，敕改"真仙观"为"上清观"。

1113年，宋徽宗召见第三十代天师张继先设法坛做法事。在朝堂上，张继先给宋徽宗呈奏时，张继先说宋徽宗显露出了"赤马红羊之兆"，便请求皇上修德。宋徽宗便把"上清观"升格为"上清正一宫"。

1310年，元武宗再次把"上清正一宫"更名为"大上清正一万寿宫"。

直至1687年，康熙为了弘扬正一道，为上清宫御书宫额，更名为"大上清宫"。

据清代《留侯天师世家宗谱》记载："檐际悬圣祖仁皇帝御书'大上清宫'额。"由此"大上清宫"这个名字便一直延续至今。

大上清宫是天师张道陵及历代正一道天师祈祷、打醮、拜神和举行重大宗教活动的主要场所。同时他们也在这里隐居练道、修真养性和静心炼丹，这里是道教文化积淀十分深厚的地方。

> **打醮** 指道士设坛为人做法事，是道教求福禳灾的一种法事活动。冬天到了，农事也暂告一段落，农民们为感谢神灵带来一年的收获，祈求上苍来年风调雨顺、五谷丰登，农民们以此来消灾免难、祈求上苍的赐福与庇佑。皇室举办的打醮活动一般是为了祈求保佑国运昌隆，也有为了得到子嗣等而举行的打醮。

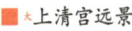
大上清宫远景

国师 又称"帝师",是古代天子帝王封赐给德学兼备的僧人或道士的尊号。我国的国师称号是在南北朝时期开始的,由于统治者的需要和支持,许多高僧开展活动,佛教获得很大的发展。当时许多高僧虽没有国师的称号,但受贵族王侯崇信,被称为家师、门师等。

大上清宫整个建筑以三清殿和玉皇殿为中心,另外还建有紫微殿、后士殿和东隐院等。据1740年妙正真人娄近垣所编纂的《龙虎山志大上清宫新制》里记载,当时大上清宫中的殿宇多达二三十座。

在这些宫殿里塑有天神、地祇、南星北斗、三十六天将、二十八宿星和六十甲子等神像数百尊,组成了一个庞大的神灵世界最高领导机构,故有"神仙所都"和"百神受职之所"的美誉。

大上清宫之所以具有这么大的影响,还因为我国古典名著《水浒传》里有大上清宫的故事。

《水浒传》里讲,当年洪太尉受大宋仁宗之命,到龙虎山宣请张天师进京祈禳瘟疫,不料在大上清宫伏魔殿误放了老祖大唐洞玄国师在镇妖井内镇锁着的"三十六天罡星"和"七十二地煞星",共108个魔君。魔君出世后,便成了后来水泊梁山的"一百零

■ 大上清宫下马亭

八将"，所以，人们说龙虎山是梁山好汉的出生地。

但据传说，当年洪太尉放走的是118个魔君，这些魔君直冲上天后，在空中散作100多道金光。

此时张天师在京城做法事时已经感知群魔出来了，就迅速念咒擒拿，而其中10个魔君拼力抵挡天师法力，让其他108个魔君逃走了。

而抵挡天师法力的10个魔君终究敌不过张天师的法力，被张天师一一降伏了，最后被点化成龙虎山的"十不得"。因此，当地流传一句民谣："龙虎山中十不得，若有一得天下了得。"

大上清宫下马碑

在大上清宫中不仅流传着很多神话传说，还有绚丽豪华的宫观建筑，但后来都因战火破坏或年久失修，大部分建筑已经倒塌或损毁。存留下来的伏魔殿、东隐院、善恶分界井、梦床、神树和传说中的镇妖井等古迹，仍然具有强烈的吸引力和丰富的文化内涵。

阅读链接

与镇妖井同样广为流传的井还有在东隐院院墙外的善恶分界井。

传说，这口井能够映照和判断出人的善恶是非。百姓之间解决不了的复杂纠纷，只要打开井盖照一照，便会是非分明。所以，每当百姓们有什么冤屈找张天师诉说的时候，张天师便会让与事件相关的人到井口照一照，善恶真伪就一清二楚了。

天师府的神道合居盛景

大上清宫是历代天师讲道布教之所，而天师府则是他们生活起居和掌管天下道事的总署。建筑雄伟，有"南国第一家"的美称。

天师府是在1105年，由宋徽宗始建于龙虎山脚下的上清镇关口，全称为"嗣汉天师府"，它是道教最早的发祥地，并被尊为道教的第三十二福地。

天师府是一座王府式的道教古建筑群，它依山傍水、气势非凡。由于道教大多是兴起于山泽草莽之间，并且道士们都追求超凡脱俗和清静无为的境界，所以天师府内种植了很多奇花名木，也是暗寓此地为仙境。

天师府整个建筑工艺群是由府门、仪门、玄坛殿，提举署、法箓

■ 龙虎山天师府

■ 天师府正门

局、万法宗坛、大堂、三省堂、观星台、灵芝园和厢房、廊屋等组成，在布局和风格上保持了道教正一道神道合居的鲜明特色。

天师府的外观具有浓厚的神秘氛围，红墙深院，彤壁朱扉，给人以神道合居的气势，并且以八卦铺地，显示了浓厚的道教底蕴。

天师府坐北朝南，高大宽阔，面河而立，气势雄伟。门前庭院正中镶嵌着太极八卦图。八卦在道教里是代表宇宙间的"天地水火风雷山泽"，而太极图则是显示阴阳对立统一的辩证法和动态平衡的道教哲理内蕴。天师府府门上有一对抱柱楹联：

麒麟殿上神仙客；
龙虎山中宰相家。

这副对联是明代尚书、大画家和大书法家董其昌的手笔，它形象地表达了龙虎山正一道天师既是"神

仪门 旧时官衙，即府第的大门之内的门，也指官署的旁门。在古代，"衙门"或"官邸"辖区内具有"威仪"点缀的正门，称为仪门。有的旁门也借称"仪门"。有的后门也可以称为"仪门"。明代和清代的官署、邸宅大门内的第二重正门也称仪门。仪门一称取自于孔子的第三十二代孙孔颖达的《周易正义》中的："有仪可象"之句而得名。

■ 龙虎山天师府前的八卦图

宰相 是辅助帝王掌管国事的最高官员的通称。宰相最早起源于春秋时期。管仲就是我国历史上第一位杰出的宰相。到了战国时期，宰相的职位在各个诸侯国都建立了起来。宰相位高权重，甚至受到皇帝的尊重。"宰"的意思是主宰，"相"本为相礼之人，字意有辅佐之意。"宰相"联称，始见于《韩非子·显学》中。

仙"又是"宰相"的双重显赫地位，同时也阐明了正一道与历代皇权的密切关系，以及人们对追求成仙的渴望。

在院门后，有一条100余米的鹅卵石铺成的宽阔甬道直通二门。二门前东为玄坛殿，西为法箓局和提举署，但后来都被毁了。二门门联写的是：

道高龙虎伏；德重鬼神钦。

这副对联不仅表明了历代天师道高德重，使龙虎也服伏、鬼神也钦佩的历史事实，同时也表明了道教要求信徒必须修道养德的教理教规。

过了二门是一个大院，院中间是天师府的主建筑"玉皇殿"。殿门的外面两侧矗立着两个雕龙石柱，殿门的下面是雕龙石阶，石阶下就是有名的灵泉井。

相传，这口井是南宋著名道士白玉蟾奉正一道第三十五代天师张可大法旨所凿。它的泉水清澈甘甜，所以取名为"灵泉井"。历代天师做道场前敬天官、地官和水官都用这口井里的水,所以人们又称它为"法水井"。

还传说这口井有9米深,并与四海相通。当时挖凿的时候,曾惊动了龙王。

龙王问:"为何要挖得那么深?"

天师说:"我要借四海之源,用来演法炼丹。"

所以人们又称它为"丹井"。穿过甬道便可到达玉皇殿。玉皇殿是历代天师实施道政的地方。玉皇殿前距二门九九八十一步,此殿占地面积为600余平方米,殿内供奉着身高9.9米的玉皇大帝像。在玉皇大帝旁,有金童、玉女和20个天君配祀两边,并且有8条金龙飞舞楹柱之间,使整个玉皇殿显示出天廷的庄严之感。

在玉皇殿后面便是私第了。私第是历代天师的住宅,也称为"天师殿"。这一部分是天师府的主体,面积约为2000平方米,由前、中、后大厅组成。

在天师殿院门前的隐壁上画有 "鹤鹿蜂猴"的一幅巨画,象征着高官厚禄和宰相门第。院门前上书白底蓝字对联一副:"南国无双

■ 天师府玉皇殿

地，西江第一家"。这不仅体现了当时天师府建筑的豪华是举世无双的，同时也告诉了人们当时道教文化的兴盛程度。

进入殿门，前厅为客厅。在客厅里有一块浑圆的翠绿色盘石，名叫"迎送石"。这是历代天师迎送客人到此留步的地方。在堂壁上挂有"墨龙穿云图"和"祖天师像"，在东西四壁上都题写着名诗，描绘着古画。

再往里走就是中厅。中厅为会客厅，有"狐仙堂"的称谓。在中央供奉着3尊神像，中间是在刀剑斧戟和龙虎旌旗的拥簇下正襟危坐的道祖天师张道陵，侍立在张道陵两边的则是他的两位高徒王长和赵升。张道陵身旁悬有歌颂他道尊德贵的对联一副：

有仪可象焉，管教妖魔丧胆；
无门不入也，谁知道法通天。

明代御赐龙虎山天师府匾额

在前厅和中厅搭接处，左右两旁开辟有"金光"和"紫气"两个门，中间还有一个门，上刻"道自清虚"4字，这是为了提醒世代天师要依道传教。

再往里走就是后厅，后厅也叫"上房"，是张天师食宿生活之处。后厅的中堂原是天师用餐的地方，清代的时候里面有几把太师椅，四壁上也有很多书画。中堂后壁悬挂着祖天师张道陵的画像。香案上有屏风、净瓶、时钟、灯台和香炉供器等，非常古朴典雅。

除此之外，天师府内还有灵芝园、敕书阁和观星台等，宫楼阁宇多得数不胜数。

但是，如此豪华的天师府，后被洪水冲毁。后来虽然重建，但又因战争惨遭焚毁。

后来，经过历史创伤后的嗣汉天师府，在政府的扶植和海内外信徒的赞助下，逐年得到了修复。

在保持明清建筑的基础上，以府门、二门和私第为中轴线，又修建了玉皇殿、天师殿、玄坛殿、法箓局、提举署和万法宗坛等，从而把宫观与王府建筑合为了一体，再现了这个蕴含着巨大道教文化内涵的府邸。

天师府院内的香炉

阅读链接

传说一天清晨，天师府的第三十代天师张继先发觉有妖气出现，正在思忖时，看见一身穿黄衫的年轻美女气喘吁吁地跪在地上流泪说："天师真人，请救救我！"

天师问清缘由后得知，这个狐狸精正在经历得道成仙前的天劫。天师怜悯狐狸精千年修行不容易，便对狐狸精说："我可以救你，但是你要答应三件事。第一要持斋，不许残害其他动物；第二要择地隐居，不得骚扰百姓；第三要受戒入道，早晚诵经，改恶从善，为民做好事。"

狐狸精拱手立誓说："一定做到，决不违犯。如有违抗，甘愿受死。"

天师见她有悔改之心，便叫她起立受戒。并命人在天师府内给她腾出了一个房间让她修行。后来，那个房间就成了供奉狐仙的狐仙堂。

龙虎山道教文化的兴盛之路

自从宋徽宗建造了天师府之后，张道陵的后嗣也逐步受到了朝廷重视，龙虎山的正一道便开始兴盛起来。

在宋代期间，宋王朝在龙虎山建造了大量宫观。一是旧有几座宫

龙虎山正一观

观得到了扩建和赐额；二是新建了大批宫观，新建的宫、观、庵和院近20座。

其中，有建于1056年至1063年间的凝真观，1102年至1106年间的静应观和祈真观，1107年至1110年间的灵宝观，1119年至1125年宣和年间的逍遥观，1208年至1224年间的金仙观等。

另外，宋代还建有云锦观、仙隐观、归隐庵、蒙谷庵和天乐道院等。

在这个时期，龙虎山正一道的掌教是张道陵的第二十四代至第三十五代后嗣。从第二十四代天师张正随开始，每代天师都曾被诏面圣，并被赐予"先生"称号。

其中，第三十代天师张继先和三十五代天师张可大最得朝廷恩宠。

在1104年，宋徽宗召见第三十代天师张继先，张继先与宋徽宗相谈甚欢，于是宋徽宗赐号张继先为"虚靖先生"。

第二年的12月，张继先回到了龙虎山。这次面圣，张继先的父亲和兄长全都被赐予了爵位。而第三十五代天师张可大先后被封为"正应先生"和"仁静先生"。这些都表现出当时宋王朝对龙虎山道教的支持和重视。

■ 张继先 字嘉闻，又字道正，号翛然子，北宋著名道士，正一天师道第三十代天师。宋徽宗赐号"虚靖先生"。羽化后元武宗追封其为"虚靖玄通弘悟真君"。他为龙虎山正一道进入鼎盛时期奠定了基础。

后嗣 是后代子孙的意思，也含有继承人的意思。在古代，后嗣是获得继承权的一个标准。在道教天师道中，历代天师都是创教祖师张道陵的后嗣。

■ 龙虎山正一观石牌坊

玄教 是道教正一道的一个支派，由元朝张天师张宗演的弟子张留孙在北京形成的一个道派。当时元朝皇帝邀请张宗演来大都，并请其留京传教，其弟子张留孙留在京城，受到皇帝的恩宠，受封"玄教大宗师"，因此玄教自成一派，但仍遥奉龙虎山正一道张天师为教主，玄教主要传播范围在江南。明朝以后，玄教解体，重新归入正一道。

正是因为宋王朝的支持，在宋代初期龙虎山便成为与江苏茅山和江西阁皂山并立的三山符箓之一。

后来经过200年至元代，龙虎山的正一道便跃居为三山符箓之首。此时，龙虎山正一道达到了鼎盛时期。

在龙虎山正一道的鼎盛时期，掌教的是张道陵第三十六代至第四十一代后嗣。

从第三十六代天师张宗演起，每代天师均被元王朝封为天师或真人，让他们主领江南道教。至第三十八代天师张与材时，朝廷更封他为正一教主，让他主领三山符箓。也正是因此，龙虎山道教成为诸符箓派之首。

在这期间，龙虎山出现了大批著名道士。这些德高望重的道士一部分被输送到大都燕京，由第三十六代天师张宗演的弟子张留孙组成一个规模较大的龙虎山道教支派玄教，用来主领江南广大地区的道教事务。

例如，张留孙，又称张宗师，是张宗演弟子，被元世祖忽必烈授以江南诸路的道教都提点之职。

剩下的道士则留在了龙虎山，管理山上的道教事务。其中也不乏杰出的道士。

李宗老，达观院道士，是著名玄教道士吴全节的老师。在1264年至1294年间被授江东道教都提点，主持本山上清宫。

吴元初，龙虎山高士，就学于道教学者雷思齐，所著诗文集为《元元赘稿》，元代著名学者、诗人虞集为之作序说：

元初服黄冠以自隐，无所营于时，故无所争于人，交游天下名士，诗文往来，皆一

道士 信奉道教教义并修习道术的教徒的通称。道士作为道教文化的传播者，又以各种带有神秘色彩的方式，布道传教，为其宗教信仰尽职尽力，从而在社会生活中，也扮演着引人注目的角色。道士之称始于汉朝，当时意同方士。在道教典籍中，男道士也称乾道，女道士则相应地称坤道。黄冠专指男道士，女道士则相应地称为女冠。

■ 龙虎山道观内景

时之盛。其言温而肆，清而容，杂而不厌，几于道者之乎？

张彦辅，龙虎山道士，精绘事，元代著名学者、诗人虞集曾为其所作《江南秋思图》赋诗。

另外，在此时期，元王朝还对龙虎山道教宫观进行了修正。它除了对龙虎山原有宫观进行了修葺以外，又新建了大批的道教宫观。

据元代散文家元明善和清代正一道道士娄近垣所写的两本《龙虎山志》中的不完全统计，新建的宫、观、庵和院多达37座。这些道教宫观大部分都是由元世祖忽必烈建于1264年至1294年间，有文惠观、乾元观、会真道院、望仙道院、八卦庵、止止庵、太极庵、西华道院、东山道院、云山道院和瑶峰道院等。

在宋元两代，龙虎山道教发展极为迅速，其中大部分道观都是在这两个时期建立起来的。但是这些建筑后来因为遭到了天灾兵火，大多被毁，后存留下来的仅有天师府一座，上清宫、正一观等宫观都是后来重修的。

但是，从那些被毁的道教宫观遗址上，可以看出当时道教文化的繁荣和昌盛。

龙虎山之所以成为"道教第一仙境"，也是有其必然性的。龙虎山在风水学上，堪称是独一无二的经

■ 道观神像

风水 本为相地之术。相传风水的创始人是九天玄女，比较完善的风水学问起源于战国时代。风水的核心思想是人与大自然的和谐，早期的风水主要关乎宫殿、住宅、村落、墓地的选址、坐向、建设等，是选择合适的地方的一门学问。

典。风水最看重的就是理想环境的选择，而风水的理想环境主要由山和水构成，其中尤以水为生气之源。

风水学经典《水龙经》中曾说：

> 穴虽在山，祸福在水。夫石为山之骨，土为山之肉，水为山之血脉，草木为山之皮毛，皆血脉之贯通也。

石为山之骨，水为山之血脉，两者本身就是有机融合的，更何况龙虎山的山水暗合了道教太极阴阳教理，所以龙虎山成为道教祖庭是具有一定必然性的。

龙虎山的风水吉象，主要体现在两处：

一是卢溪河畔的太极形势图。这里山环水抱，溪水与山势，正好形成一个阴阳太极图。

从卢溪河畔的地形图就可以发现，在这一段，溪

阴阳 源自古代中国人民的自然观。古人观察到自然界中各种对立又相联的大自然现象，如天地、日月、昼夜、寒暑、男女、上下等，以哲学的思想方式，归纳出"阴阳"的概念。早至春秋时代的《易传》以及老子的《道德经》都提到阴阳。阴阳理论已经渗透到中国传统文化的方方面面，包括宗教、哲学、历法、中医、书法、建筑堪舆、占卜等。

■ 龙虎山正一观

水为阴鱼，鱼眼鼓出在头部。山势为阳鱼，鱼眼也鼓出在头部。这样一个太极就呈现出来了，自然天成，鬼斧神工，蔚为大观。

太极是道教理论与形象的标志，又是道教的灵魂。而此处的风水气场就非常旺盛，人天感应度也相当高，非常适合炼丹修行，所以张道陵天师才选择在这个地方炼九天神丹。

二是龙虎山与正一观相辅相成，浑然一体。如果说太极山势是龙虎山的灵魂，那么龙虎山本山，则是龙虎山的山身。

正一观后面的山脉是象山余脉，本来这个余脉一直向西，但是到了此地突然折回，形成了两峰对峙的龙虎形状，不能不说这里是修道的宝地。

有人、有山、有魂，构成了我国风水的综合吉象：天地人合一。人为天师，山为龙虎，神为太极。再经过几千年来积淀而成的丰厚的道教文化，成就了龙虎山在我国道教史上显赫的祖庭地位。

阅读链接

传说在宋代，宋徽宗礼聘第三十代天师张继先来到京都，并对他说："解州盐池孽蛟作怪，民众遭受灾害，所以召你来救治。"

张继先受命之后，马上在铁筒上画符，让弟子祝永佑跟着太监同往解州，将符投入盐池的决堤之处，只见电闪雷鸣，孽蛟被斩死在水中。徽宗听了太监回来报告便问张继先说："你治死孽蛟，派遣的是哪位神将？能让我见一见吗？"

张继先听后，便手握印剑施法召将，关羽随之现身。徽宗吃了一惊，手上正好拿着枚崇宁年间铸的铜钱，便掷给关羽，说："以这钱名封你。"

所以后来人们又称关羽为"崇宁真君"。

齐云山

江南第一名山

齐云山,古称白岳。它坐落于安徽省休宁县城西,有"黄山白岳甲江南"的美誉,与江西龙虎山、湖北武当山和四川鹤鸣山并称为"四大道教圣地"。

齐云山以"三十六奇峰""七十二怪岩",间以幽洞、曲涧、碧池和青泉汇成胜境,因它的最高峰廊崖有"一石插天,与云并齐"的景观而得名"齐云山"。

齐云山全山地质赤如朱砂、灿若红霞,是典型的丹霞地貌。清代乾隆皇帝称它为"天下无双胜境,江南第一名山"。

齐云山道教的玄帝像传说

齐云山古称白岳,坐落于安徽省休宁县城西边。其境内峰峦四起、峭壁耸立、四时变幻、绮丽多姿,以"三十六奇峰"和"七十二怪岩"著称,岩岩皆景,洞、涧、池和泉遍布其间。

齐云山全山有宫、殿、院、坛和阁等108处，道观27处，道房12家，与江西龙虎山、湖北武当山还有四川鹤鸣山并称为"四大道教圣地"。山中的道教绘画、摩崖石刻和碑刻数以千计，几乎峰峰有题词、洞洞有刻铭。因此后来被清代乾隆皇帝赞誉为"天下无双胜境，江南第一名山"。

齐云山的道教文化历史十分悠久，道教活动开始于唐代，至今已有1200多年的历史，道教香火传播到了华东及东南亚各国，影响十分深远。

齐云山的道教属于张道陵所创建的正一道，至于齐云山的开山鼻祖是谁，一直有两种说法。

第一种说法，说唐代天谷子道人的门徒余氏六三娘来到齐云山传道，并且在齐云山生养了文生、耀生、志生和立生4个儿子。后来这4个儿子都进入了道教，从而形成了齐云山最早的四大房，开启了齐云山的道教文化。

还有另一种说法，说齐云山道教的开山鼻祖是道士龚栖霞。在唐

■ 齐云山美景

齐云山太素宫

代,有一个叫龚栖霞的道士云游至此,隐居在山中的石门岩,在此处苦行修炼50载终成正果,在83岁时羽化成仙。后人把他修炼所住的石门岩洞,取名为"栖真岩"。

这两种说法谁真谁假已经无从考证,但关于齐云山的开山鼻祖有文字依据可查的是在南宋,是宋代的一个叫余道元的道士第一个在齐云山建筑了道观,从而开启了齐云山的道教文化。

在1225年至1227年的南宋,道士余道元进入齐云山修炼,并于齐云岩创建佑圣真武祠,也就是后来的太素宫,其内供奉着真武大帝,又名玄帝。

太素宫,原名佑圣真武祠,后来明世宗赐额为"玄天太素宫"。它坐落在齐云山的齐云岩,是齐云山主要的道教宫观。

太素宫坐南朝北,宫里主要供奉的是真武大帝。它的原主要建筑有"玄天金阙"石坊、宫门、前殿、正殿、后殿、客堂、斋堂、道舍及左右配房等,但是后来都因天灾人祸被毁了,里面供奉的真武大帝神像也不例外,都是后来重建的。

传说，原太虚宫中所供奉的真武大帝神像是由百鸟衔泥塑立的。真武大帝，又称玄帝，传说他原来是净乐国的王子，姓李，名乞小。他长得眉清目秀，在15岁的时候，抛弃了江山去武当山出家做了道士。他在武当山朝夕讲经说法，潜心修炼，道成的时候，已经2500岁。

后来紫虚元君教授了他无极大道，称他为"北方真武大帝"，让他镇定北方，掌管阴间一切善恶，普济众生。

有一天，真武大帝出山。一来是想察访世间善恶，二来想找个好山头登基坐殿，享受一下人间烟火。于是，真武大帝云游四海，遍访名山，驾云到齐云山。他俯瞰全山，只见群峰峻秀，怪岩纷呈，山泉飞洒，云烟缭绕，横江两岸古木苍郁，茅屋村舍点缀其中。

紫虚元君 又称"南岳夫人"和"魏夫人"，也称南真。姓魏，名华存，字贤安，道教尊其为上清派第一代宗师。著有《元始大洞玉经》《元始大洞玉经疏要十二义》《大洞玉经坛仪》和《总论》。

■ **真武大帝** 又称玄天上帝、玄武大帝和佑圣真君玄天上帝，他是道教神仙中赫赫有名的玉京尊神，道经中称他为"镇天真武灵应佑圣帝君"，简称"真武帝君"。他在全国影响极大，近代民间信仰尤为普遍。

> **香火** 指供奉神佛或祖先时燃点的香和灯火。来朝拜的很多，香火很盛。古时候香火也指后辈烧香燃火祭祖，故断了香火就指无子嗣。古时有一说，不孝有三，无后为大，即没有后代传承香火是最大的不孝。

> **洞天** 指神道居住的名山胜地。洞天就是地上的仙山，构成道教地上仙境的主体部分，历代道士多往其间建宫立观，精勤修行，留下了很多人文景观、历史文物和神话传说。

■ 齐云山月华街

他不禁叹道："呵，好一个人间仙境！"

喜出望外的真武大帝便降临于齐云山巅，他遨游洞天福地，越过桃花涧，来到了真仙洞府。却看到天门掩蔽，无路可通。真武大帝游山急切，于是运足神力，一脚蹬开了天门。

只听"轰"的一声巨响，石穿洞开，豁然开朗。见到了另一番景色：巨岩如围，岩洞藏幽，山泉飞洒，点点滴滴，发出击玉般的声响，串串山泉构成珍珠帘屏。

真武大帝穿门而入，沿路美景尽收眼底，喜不自胜。过了天门，真武大帝不知不觉地来到月华街。这里的山势更加优美。齐云岩酷似一把金交椅耸立在街中心，背后是玉屏峰，左右钟鼓两峰护列。

前面是卓立挺拔的香炉峰，五股山泉飞注于齐云岩下，左有青狮盘踞，右有白虎蹲立，前有黄山"三十六峰"环绕其外，构成了一个天然的宝座。

■ 齐云山香炉峰

真武大帝见到这番美景喜不胜收，留恋难舍。他心想："我真武大帝在武当山苦修2000余年，而今修道已成，何必再孤守武当？不妨就此建座行宫，占它香火，我在武当修行，夜回齐云显灵，来去自如，有何不可？但我这无形的灵神，若在此山定鼎还须有个偶像寄托，才好招来八方香火。"

真武大帝正在冥想，忽见一朵祥云飘来，到真武大帝面前化作了一名仙子，供揖参拜真武大帝道："仙长驾临此山，乃草木有幸，妙乐天尊揣知仙长心事，使我前来劝君。" 真武大帝谢恩又将方才所思所想告诉了仙女。

仙女应命告别了真武大帝，回去之后立即传召全山百鸟，即日兴工。霎时间百鸟云集，羽翼蔽日。众鸟众志成城，不几日，就塑起了一尊真武大帝神像，威严夺目。

光阴迅速，到了南宋宝庆年间。云游道士余道元

鼎 是我国青铜文化的代表。鼎在古代被视为立国重器，是国家和权力的象征。鼎本来是古代的烹饪之器，相当于现在的锅，用以炖煮和盛放鱼肉。自从有了禹铸九鼎的传说，鼎就从一般的炊器而发展为传国重器。一般来说鼎有三足的圆鼎和四足的方鼎两类，又可分有盖的和无盖的两种。有一种成组的鼎，形制由大到小，成为一列，称为列鼎。

自黔北来齐云山,夜里梦见一个道长披发跣足,对他说:"吾居齐云岩,已候你多时。"

余道元梦醒以后就去齐云岩寻找,果然寻见一尊泥像,与梦中的一模一样,他又惊又喜。于是号召居住在山里的居士募捐装饰这尊泥像,还建造了"佑圣真武祠",烧起香火,日夜供奉。

第二年,余道元请内相程铋题"云岩"两字刻于石上,这两字为齐云山最早的摩崖石刻。

后来四围乡村的百姓遇到有蝗灾、旱涝,或者想要祈福、求嗣都会来真武大帝神像这里,人群络绎不绝,并且传说有求必应、神威江南。

道士们后来也纷纷驻守山上,在岩洞内和道房供上真武大帝像,真武大帝的香火越来越旺盛。与此同时,朝廷也开始下令在齐云山建筑道教宫观。

据不完全统计,在宋代期间,兴建的宫、观、道院、祠、殿及神仙洞府达到百余处,宫阙十分壮丽。

阅读链接

传说和真武大帝一同来到齐云山的还有佛教的地藏王菩萨。这两个人是好朋友,他俩一起访遍名山都想找个能登极坐殿的地方。

这一日,他们一起来到齐云山,只见秀峰林立如仙境一般,地藏着急上山,真武却直喊肚子饿,要求去吃碗面。地藏只好就近化了两碗素面,真武又提出要比赛谁吃得快,规则就是面要每根都从头吃到尾。

地藏只好同意,一根一根寻头慢慢吃,真武人小但很机灵,用暗劲一夹就夹到很多头,呼噜一下就全吃光了,然后推脱说出去转转。地藏非常执着,一根一根地吃了很久,等他发觉上当了的时候,真武已经占了齐云山。

明世宗上山求子使道教兴盛

自从宋代朝廷下令在齐云山正式建筑道院，齐云山道教逐步有了发展。直至明代，明宣宗在1429年下令建造"三清殿"于拱日峰下，从此齐云山道教兴盛起来。

明世宗登基后，他非常崇信道教，并且诏宣天下有名的道士出入宫禁，齐云山道教进入鼎盛时期。

齐云山美景

青词 又称绿章，是道教举行斋醮时献给上天的奏章祝文。一般为骈俪体，用红色颜料写在青藤纸上。要求形式工整和文字华丽。道士上奏天庭或征召神将的符箓。用朱笔书写在青藤纸上，故又称"绿素"。

明世宗非常醉心于道教，重用道士，热衷青词。他所制定的崇道国策以及在此基础上的一系列修仙活动，影响了整个明代嘉靖朝的政治、经济、文化和社会生活，甚至决定着众多朝臣的荣辱沉浮。正因为明世宗崇信道教，凡事皆要举行斋醮法事，也形成了举国上下皆奉道，从而使道教更加深入民间。

明世宗因无子嗣而十分忧愁。在1532年，明世宗得到了祖籍是齐云山本地的近臣汪铉的进言，说他家乡的佑圣真武祠内供奉的真武大帝非常灵验，可以让道士去那里举行斋醮法事求子。

于是，明世宗下诏让龙虎山正一道第四十八代嗣汉天师张彦率众往齐云山为皇帝求子。在齐云山，张天师求签得到顺签，后来明世宗果然得到一个儿子。

明世宗大喜，下旨扩建佑圣真武祠，并赐名为"玄天太素宫"，还亲自撰写了《御碑记》：

■ 齐云山风光

朕于壬辰年，因正一嗣教真人张彦，奏令道众诣齐云山建醮祈嗣，果然灵应，自时设官焚修，赐建玄天太素宫于齐云岩。

齐云山石碑

据传说，齐云山的这个名字就是因为明世宗为求子亲自来到这里，看到它高峰耸立，如"一石插天，与云并齐"，因此赐名为"齐云山"，并且明世宗还为齐云山亲题了"齐云山"匾额。

明世宗求子得到应验以后，"求子"就被视为齐云山最灵的祈福主题了。百姓们求子的首选的就是明世宗求子所去的"玄天太素宫"，还有一部分香客则会去圆通岩的"侧卧观音"。

后来，第四十九代天师张永绪和第五十代天师张国祥又先后授命再上齐云山，建醮祈祀，宣扬秘典。从此齐云山更加声名大振，成为江南正一道的著名道场，以至原来在齐云山的全真派也依附于正一道，并逐渐形成了齐云山道教文化谱系。

阅读链接

来齐云山求子的香客们为了预测生男生女，一直流传着这样一种做法，即在齐云山的罗汉洞内燃放炮仗。

炮仗燃尽之后，他们会趁着天黑的时候再次回到罗汉洞，在洞里摸炮仗壳。

传说如果他们摸到了红色的炮仗壳，就表示会得到儿子，如果他们摸到绿色的炮仗壳，则表示会得到女儿。这种做法后来被作为一种风俗流传了下来。

渐入仙关的望仙亭传说

在明代,齐云山修建了大量宫观,其中著名的"九里十八亭"也是在这个时期修建起来的,但大多被毁,后来存留下来的有望仙亭等。望仙亭,原名冷水亭,亭上有用朱红色的漆描画的彩绘,雕梁画栋、华丽典雅。站在亭上居高临下,山川美景可以尽收眼底,因此

齐云山望仙亭

齐云山风光

人们又称望仙亭是齐云山的"门阙"。至于它为什么改名为"望仙亭",这里面还隐藏着一个发人深省的传说。

传说有一天,八仙之一的李铁拐云游来到齐云山的洞天福地静乐宫。静乐宫的灵乙道长见来者一只瘸腿脓血淋漓,背上还背着一只大葫芦,于是生了恻隐之心,当即收留了他。

灵乙道长门下有一位道徒,名叫布根祖。布根祖长得尖嘴猴腮,心术不正,整天背着灵乙道长偷偷喝酒,又爱占一文半分的小便宜。他看见道院内来了个浑身脏乱的乞丐,脸上显露出了嫌弃之色。

李铁拐看在眼里,却假装不知道。而灵乙道长每天用上等斋饭款待李铁拐,并踏遍齐云山,采集吸收"山川之灵,烟霞之气"的灵丹妙药,给李铁拐熏洗脓疮,煎汤口服,制膏外敷。为了便于照应,灵乙道长还与李铁拐在一张床上休息。

一天上午,灵乙道长在道房内闭目打坐的时候,布根祖装作扫地之势,想要驱赶李铁拐出门。李铁拐却毫不介意,干脆坐在地上,解开衣服挠痒痒、捉虱子。

■ 仰望齐云山望仙亭

布根祖见他这样便没有办法了，转身要走。这时布根祖突然看见从李铁拐的裤腰间落下一块碎银子，他顿时眼前一亮，等到李铁拐离开，布根祖连忙拾起那块碎银子藏进了道袍的袖子里。

光阴似箭，不知不觉已经过了九九八十一天。李铁拐"康复"之后，便要告辞。李铁拐盥洗时，又故意将一颗夜明珠忘在案上。

布根祖倒洗脸水的时候看到这个宝贝，爱不释手，就又瞒着师父，将夜明珠扣在了脸盆底下。

当师徒两人送李铁拐下山的时候，来到冷水亭，李铁拐说道："实不相瞒，我乃八仙之一的李铁拐，意欲超度二位，请您师徒闭上双目，抓住我的铁拐，随我成仙去吧！"

这时布根祖猛然想起脸盆底下的那颗宝珠，便谎称道："李仙，师父，等我去把邋遢仙宝座前的长明灯加点油就来！"

于是布根祖赶回静乐宫，翻开脸盆一看，哪有什么夜明珠，分明是颗石子。又忙从道袍的袖子里掏出银块一瞧，原来是团泥巴。

布根祖心道不好，连忙赶回冷水亭，但只见李铁拐和灵乙道长已经腾云驾雾而去。布根祖望着冉冉飞升的祥云，悲切地喊叫："师父，李仙，等我呀！"

只听李铁拐在云端里抛下一句话来，说："布根祖，你六根不净，见利忘义，意求成仙，还需修行九九八十一年！"

布根祖站在冷水亭旁，望着云端里缥缈的师父，迟迟不肯离去，但他后悔已经晚了！从此，他天天立在望仙台上望云兴叹，他的身躯变成一块立着的石头，而冷水亭也改名为"望仙亭"了。

明代望仙亭建成时，正是齐云山道教的鼎盛时期，上山进香的香客络绎不绝。至清代，齐云山道教继续发展，虽然不是很被朝廷重视，但道教文化仍得以延续。至乾隆年间，乾隆帝还称它为"天下无双胜境，江南第一名山"。

后来，齐云山道教宫观经过了很多天灾人祸，大多被毁掉和荒废了。存留下来的有东阳道院、伯阳道院、梅轩道院、海天一望和望仙亭等，而玉虚宫、罗汉洞和太素宫等，都是后来修复的。修复之后的齐云山道教宫观重现了昔日的辉煌。

阅读链接

传说李铁拐经常化作乞丐点化人。说有一个江湖游医善于治疗跌打损伤，并且颇有医德，若是病人无钱，他就分文不收。李铁拐来到游医门前，要他为其治疗瘸腿，并声明无钱支付医费。游医见李铁拐着实可怜，就细心地为其治腿换药。

谁知那腿越治越糟糕，铁拐李不由得破口大骂。游医心有愧疚，又为其买狗肉补养身体。铁拐李吃完狗肉，把游医的药料倒在狗肉汤里翻搅，然后将熬成糊的药料，往墙上的狗皮抹去，然后敷在自己的瘸腿上，再把药料揭开，腿就完全好了。

正在游医发愣之时，铁拐李隐身远去了。游医这才明白，是神仙在点拨他。后来，他就用铁拐李教授的方法给人治伤，十分灵验。

道教与民众相融的生活图景

齐云山道教是以正一道为主的,尊老子为始祖,以《道德真经》为依据,主要供奉的是真武大帝。

正一道的组织比较松散,戒律也不是很严格,他们不像全真教禁

■ 齐云山三天门

■ 齐云山玉虚宫

止嫁娶、禁戒酒肉等。正一道的道士可以有家室妻小，非斋也不忌酒肉，俗称"火居道士"或"俗家道士"，因此齐云山的道士大多都有家室妻小。

多少年来，齐云山的道士一直不仅有妻室儿女，甚至连妻室儿女也随同住在道院宫房中。他们平时也会从事生产劳动，和普通人没有区别。只有事主来邀请或有道教节日的时候，他们才会脱下俗衣换上道士打扮，做起传统道教科仪。

齐云山中的道院也和一般民宅没有太大的区别，除了一般道教宫观都有的雕梁画栋、错落有致、与自然峰岩浑然一体的特点外，齐云山的道院在外形和功能上就是一个典型的民居，而且大多数的道院和山中的民居是不相分隔的。

齐云山的道院主要集中于山上的月华街。把这条街取名为"月华"，是因为它的建筑布局宛如一轮新

正一道 张道陵开创，又称五斗米道、天师道，是道教早期的重要流派。尊老子为始祖，以长生不老和修炼成仙为最高目标，与金元时期兴起的全真道并称为两大教派。

祖先神 祖先神是由祖先演变而来的神明，也就是说他兼有祖先和神明两个身份。在宗教信仰中认为，可以通过敬拜祖先神，使其保护或赐福给自己的本族。

自然神 最初的自然神是具体的自然现象，视树为神，视谷为神，还包括风神、雨神、雷神等。在道教文化中，可以通过供奉自然神，使风调雨顺、五谷丰登等。

■ 齐云山月华街

月。在月华街上，道教宫观和杂货店铺鳞次栉比，祭祀的香烟和做饭的炊烟互绕，形成了一幅道教与民众天然相融的生活图景。

后来，有人用"中国道教第一村"来形容齐云山，这个称号不仅说明了齐云山具有丰富的道教文化内涵，更说明了齐云山道教的民间性和乡土气息。

道教能够在齐云山立足发展，在很大程度上也是迎合了当时封建时期的社会状况，尤其是迎合了徽州民俗的结果，也正是因为如此，齐云山的道教才具有了浓厚的徽州地域文化特色。

除了道教宫观是齐云山道教的显著特色以外，宗教信仰活动也是齐云山道教的一个重要内容。

徽州地区百姓所供奉的神有很多，有祖先神、行业神、自然神和乡土神等，是一个拥有多神崇拜的地域。但基础广泛的仍是传统的佛、道二教。佛、道二

齐云山雷霆纠罚司神像

教在徽州下层民众的思想中已经根深蒂固。一到道教节日时，到齐云山进香的人总会络绎不绝。

齐云山上的道士大多出自婺源县，住在山上的道士虽然不是很多，但每一个道房均有一批后备力量，都是本房在原籍婺源培养的道徒，平时散居在自家务农做工，每年秋后香汛期间就会应邀进山佐助法事，入冬回籍，这都已经成为惯例。

每逢一届秋令，来进香的香客便会络绎不绝，从农历的七月初一开始，直至十月初一才结束。

七月初一，会由道长为首，率领各院道房道众大斋3天，并在玄天太素宫做大型禳火道场，祈求真武大帝保佑香火平安，道业兴旺。

农历七月十五，各院房道士就会汇聚太素宫，做水陆道场。此后，浙江省淳安、开化县，徽州及相邻各县香客和香会团体组织也会陆续启程来到齐云山进香。

"三多会"的进香日为农历七月十九，"屯溪永敬会"进香日为九月初一。

而九月初九日，则是"真武大帝登极日"，也是齐云山香火的最高潮，在山香客往往达5000余人，其中也有包括来自江西、浙江等地的朝山香会。

朝山者，三天前就要虔诚地沐浴斋戒，将家院洗刷一新，不容半点荤腥血秽。启程之日，要穿着得整洁朴素，肩背黄布香袋，上写"齐云进香"，下写某香会字样，由香会的会首领头，肩荷进香大旗，鸣锣开道。各式旗幡、各色凉伞相随，丝竹之声和鸣，爆竹震耳。行进中逢观遇庙，均需焚香叩拜。

到了齐云山，道房派有专人为各香客的香袋加盖"齐云进香印鉴"，香袋上印鉴越多，就表示进香的次数越多。香客也会根据自身经济状况捐输香火钱。有的香客还会挑选、采购本山土特产品带回赠送亲邻，这个俗称"结缘"。

第三天便离山返回，至登封桥回香亭，将剩余的香烛纸箔全部烧化。

在后面还有"百子会"等，等到所有道教节日都结束了，道士们也就会回到各自原来的地方等待下次的秋季香令。

阅读链接

每到香会的时候，人们都会上齐云山进香和游山，会自发组织"百子会"，会名有"祁城""长生""风玄"等，俗称"祁城百子""长生百子"和"风玄百子"。

百子会由一两百人组成，设若干个"香头"，即进香的头领，每个香头管辖十一二个人。香头的任务是收缴会费、经管账目和联系进香游客的吃住事宜。

农历九月十六为进香日，香客手持灯笼和纸扎的香亭，绕县城一圈，然后步行上齐云山。在山上先观看各道院道士打醮、进香，然后就会逛月华街，领略齐云山风光，晚上就会住宿在长生楼，次日下山返城。

武当山

天下第一仙山

武当山又名太和山，古时称玄岳和太岳，坐落于湖北省的西北部。此山四周有"七十二峰"耸立，"二十四水"环流，危岩奇洞深藏，白云绿树交映。

武当山古建筑群在明代期间逐渐形成规模，其中的道教建筑可以追溯至7世纪，其宫阙庙宇集中体现了我国元、明、清三代宗教的建筑文化和艺术成就，代表了我国近千年建筑艺术的最高水平。

武当山具有自然美与人文美的高度和谐统一，因此也被誉为"亘古无双胜境，天下第一仙山"。

真武大帝被封坐镇武当山

武当山坐落于湖北省西北部,古时称玄岳或太岳。武当山四周"七十二峰"耸立,"二十四水"环流,危岩奇洞深藏,白云绿树交映,蔚为壮观。主峰天柱峰,被誉为"一柱擎天",四周群峰向主峰

■被誉为"道教第一山"的武当山

倾斜，形成了"万山来朝"的奇观。

武当山的道教宫观内主要供奉的是真武大帝，传说武当山名字的由来就是真武大帝在武当山坐镇。

据传说，真武大帝原是净乐国的太子。净乐国的国王清正威严，皇后善胜美丽善良，他们共同把净乐国治理得井井有条，百姓们都安居乐业。

有一天，天气十分清爽。善胜皇后心情非常舒畅，就来到御花园游玩观景。她忽然抬头看见蓝天上飘来一朵祥云，云头上站着众多神仙。

武当山石刻

只见一位神仙捧出红红的太阳朝下一扔，霎时一道金光飞到她的面前，随即那太阳变成了一个小红果，一下钻进她嘴里，又滑进了她肚里。于是，善胜皇后便有了身孕。善胜皇后整整怀胎14个月，在第二年的三月初三那天，她忽然感到肚子疼，知道孩子要出生了。

这时，只见天上一团团祥云瑞气盘旋飞绕，一群群美丽小鸟在皇宫上空飞翔啼鸣，一股股香气弥漫整座宫殿。这时，善胜皇后生了个又白又胖的娃娃，举国上下都奔走相告，太子诞生了！

太子长得眉清目秀，身材十分奇特，他从小便立志要修道成仙，除尽天下的妖魔鬼怪。于是他在15岁的时候就抛弃了江山，到武当山出家做了道士。

太子在武当山朝夕讲经说法，潜心修炼。最终他飞升成仙了。太子升天成仙时，天上很乱，许多妖魔鬼怪总是到天上打斗厮杀。

有一次，元始天尊在说法讲道时，有一股黑毒血气冲进宫殿。元始天尊就让玉皇大帝清剿妖魔。于是，太子奉玉帝之命率领30万天兵

■ 武当山三清殿

天将，一夜之间就把妖魔鬼怪打得七零八落，有些妖魔从天上逃到人间作乱害人。

太子又到人间收拾妖魔。他历经九九八十一战，斩杀72个妖怪，降伏36个魔鬼。太子还命风伯雨师和雷公电母，给人间洒风降雨，人们都过上了好日子。

因太子在人间降妖除魔，英勇威猛，人们就尊他为战神。还因他广布甘霖，使五谷年年丰收，人们又尊他为福神，受到老百姓的敬仰。

太子历尽千辛万苦，收服了天下妖魔，战功显赫。元始天尊很高兴，封太子为真武大帝，派仙鹤通知天廷所有的神仙。并把太岳改名为武当山，意思是说，只有真武大帝才有本领坐镇在这与天齐高的山上。

从此，真武大帝就坐镇在了武当山，他每年都率领天兵天将，巡视人间，保天佑地，护国安民，有时则命雷公电母布洒甘霖。人们为感谢真武大帝，每年

天兵天将 是指天界中的将领和士兵，他们的主要作用是卫护天宫，维护佛法，下界降妖除魔，通常穿着华丽的金甲，身体周围有五彩霞光缭绕，身形也非常魁梧。道教认为北斗众星中有36罡，对应的是36位神将。他们都具有降妖除魔的法力。

都到武当山朝拜。

春秋至汉代末期,武当山已经成为古代宗教的重要活动场所了,许多达官贵人都到此修炼。如周大夫尹喜、汉武帝的将军戴孟、著名方士和炼丹家马明生与阴长生等,都曾隐居在武当山修炼。在东汉末期道教诞生后,武当山逐渐成为中原道教的活动中心与修炼圣地。

在汉末至南北朝时,由于社会动荡,数以百计的士大夫或辞官不仕,或弃家出走,都云集到武当山辟谷修道,如晋朝的谢允和徐子平、南北朝的刘虬等均弃官入山修炼。所以,这段时间出现了大量有关真武的经书。

根据道教经典《誓愿文》记载,被佛教尊为"天台宗三祖"之一的慧思,在六朝时到武当山访道。据道教经典《神仙鉴》记载,蜀汉军师诸葛亮曾到武当山学道。

另外,后据有关记载,在美洲秘鲁的山洞内曾经发现一尊手提铜牌的5世纪造的裸体女神像,铜牌上铸着"武当山"3个汉字。可见,在南北朝时,武当山就已名传海外了。

随着上武当山朝拜的人和隐居修道的人越来越多,山上的道教建筑也逐渐建立了起来。

阅读链接

在真武大帝册封的那天,元始天尊还命玉皇大帝前往武当山,亲自册封真武大帝,让天上人间所有人都知道真武大帝的本领。

那一天,和风煦日,天上和人间的神仙纷纷从四面八方来到武当山,庆贺册封真武大帝。这些神仙们有的腾云,有的驾雾,有的骑着白鹿,有的驾着仙鹤,天上紫云飘浮,日月交辉,山间鸟语花香,真是奇观异彩,盛况空前。

从此天下所有的百姓都知道了,真武大帝坐镇在武当山。

武当山道教的祈雨传说

至隋唐时期，武当道场得到封建帝王的推崇，这极大促进了武当道教的发展。在唐朝，李唐皇室自称为老子后裔，认为老子是他们的祖宗，于是朝廷就扶持和崇奉道教。特别是武当山所在地均州的知州姚简，他进一步使武当道教受到了皇室的重视。

在627年至649年的唐贞观年间，天下大旱，飞蝗遍地，皇帝下诏

■ 武当山五龙宫

■ 武当山雪景

在天下名山大川祈雨，但都没有被神灵感应而降雨，只有姚简在武当山祈雨却有所感应，使得天下普降甘霖。

唐太宗大喜，于是就在武当山敕建五龙祠。这便是皇帝在武当山敕建的第一座道教宫观。关于姚简上武当山祈雨得到感应的事，还有一个感人的故事。

传说均州知州姚简清正廉洁，他不受礼，不贪财，办事公正，铁面无私，把这地方治理得很好。老百姓说起姚简，都很感谢他的恩德。

后来有一年天下大旱，地里没有出产，百姓们只好拖儿带女到处逃荒。姚简见到百姓们都背井离乡，无家可归，心里非常难受。

姚简听说在武当山后面有座五龙岭，五龙岭上的五龙池里住着5条龙。这5条龙虽然性情暴躁，但它们能呼风唤雨，普降甘霖。姚简想求这五龙神君为百姓下雨，便悄悄地离开了家，独自一人进山去了。

知州 古代官名。宋以朝臣充任各州长官，称"权知某军州事"，简称知州。"权知"意为暂时主管，"军"指该地厢军，"州"指民政。明、清以知州为正式官名，是各州行政长官，直隶州知州地位与知府平行，散州知州地位相当于知县。

武当山金顶天门

姚简背着干粮，戴着草帽，往武当山上爬。他翻过第一个大坡坐在树荫下歇脚时，迎面走来一个白胡子老头，问姚简："你上哪儿？"

姚简回答："上五龙岭，给百姓祈雨。"

老头说："我劝你转回去吧，这一路山高岩陡，你这当官的不享清福，何必自讨苦吃？"

姚简说："老百姓缺吃少穿，我不能坐视不管！"

于是姚简又背起干粮，戴着草帽，向山里走去。他翻过第二个大坡，累得腰酸背痛，只得又坐在树荫下休息。这时，迎面又来了一个白胡子老头，他问姚简道："你上哪儿？"

老头听了姚简的打算后，像前一位老头一样劝他回去享福。

姚简说："老百姓现在到处逃难，我怎能坐享清福！"说罢，依旧背着干粮，戴着草帽，往山上爬去。

姚简翻过第三座大山，双脚已经磨起了血泡，只觉得双腿有千斤重，已经挪不动了，他只好坐在树下喘气。这时，又走来个白胡子老头，又向他问了同一个问题。姚简依然如实回答。

老头上下打量一番,看他的腿和脚已经肿了,很同情他,说道:"我劝你回去吧,这一路妖魔鬼怪多着哩!像你这样的白面书生,气力也用尽了,怎么和那些青脸红发的魔王搏斗?"

姚简说:"谢谢您的好心。我是为老百姓来的,一正压百邪,我看,妖魔鬼怪绝不敢挨我。"说完又咬紧牙站了起来,背起干粮,戴上草帽,朝山上走去了。

姚简翻过第四座大山后,他倒在树荫下昏过去了。当他醒来时,面前坐个白胡子老头。老头很可怜他,劝他回去。但姚简仍然坚持说:"若是不顾百姓死活,我还有什么脸面活着呢?"

第二天一大早,姚简勉强翻过第五座大山。他像害了一场大病一样,坐在地上怎么也起不来了。这时,一个白胡子老头从树林里出来,他笑眯眯地问:"你是到五龙池祈雨的吧?"

姚简说:"是!"

"你知道祈雨的规矩吗?知道五龙的脾气吗?"老头问。

"不知道,请您告诉我吧!"姚简说。

武当山古神道

老头板起脸一字一顿地说："这5条龙，虽然能呼风唤雨，但是它们脾气不好，是吃人的妖龙。凡有祈雨的来，它们必定要先把他们吃掉，然后才肯下雨，所以，千百年来，没人敢来祈雨。"

姚简注意听着老头的话，既不害怕，也不后悔，说："没关系，只要百姓能活下去，我死了也值得。"

老头说："像你这当官的，有大好的仕途等着你，为别人轻易丧生，太不值得了。"

姚简说："我身为百姓父母官，若不能为百姓做事，活着跟死了有什么区别。"说罢，他又一瘸一拐地向深山走去。来到五龙岭的山脚下，他愣住了。在路上遇见的5个老头，都坐在山下等着他。

5个老头笑眯眯地说："姚大人，你不顾自己的生死为均州百姓奔劳，你的心肠太好了！我们早跟5条龙说好了，明天一定下雨，请你回去吧！"

姚简听到这番话，喜得不敢相信，刚要下拜，那5个老头却已不见了。姚简知道他们是5个神仙，相信他们不会说谎，就转身回均州了。

第二天，均州果然下了场透雨，老百姓们又恢复了安定的生活，后来人们把姚简遇到5位老人的地方取名叫"五老峰"。

■ 武当山五龙宫

武当山建筑

这5个老头是谁呢？就是五龙池的五龙神君，姚简一心为百姓着想深深地感动了他们，从那以后他们也做起善事来，每年为百姓呼风唤雨，普降甘霖。

唐太宗得知姚简祈雨得到应验，非常高兴，下令建造了"五龙祠"。到了1018年的北宋，宋真宗扩建五龙祠，并将它升格为五龙观。在宋代，姚简还被封为"威烈王"，给他盖了座威烈观。

也正是因为这次姚简祈雨而应，使武当山道教受到了朝廷的重视。后来有许多著名高道也隐居在武当山修道，如著名道士孙思邈、陶幼安和吕洞宾等。

至唐末，武当山被列为道教"七十二福地"中的第九福地。

阅读链接

唐太宗下令建造的"五龙祠"是武当山第一个由皇帝敕建道观。后来唐代还建有"太乙"和"延昌"等宫观庙宇。

后来姚简得到了皇帝的批准，弃官入道，领家隐居武当山潜心修道。相传，姚简修持道德，最终在武当山悟道成仙。被百姓们尊为"守土镇山之神"。

宋代，武当山每次祈雨都会得到应验，因此姚简被进封为"忠智威烈王"，敕建庙祠于紫霄宫东天门，名"威烈观"。

紫霄福地内的精巧建筑

武当山紫霄福地

1018年，宋真宗加封真武大帝为"真武灵应真君"，下令为真武大帝建祠塑像，还将五龙祠升为五龙观。后来，宋仁宗推崇真武大帝为"社稷家神"，并建真武庙塑像崇祀。

随着道教经典《元始天尊说北方真武妙经》的出现，武当山真正成了祀奉真武大帝的圣地。

宋徽宗在武当山大顶之北创建了紫霄宫祭祀真武大帝，使武当山成了道教名流向往的道教圣地，后来明成祖封它为

■ 武当山紫霄宫

"紫霄福地"。

紫霄宫位于天柱峰东北方向的展旗峰下，是武当山八大宫观中规模最大、保存最完整的道教建筑之一。紫霄宫内主要有龙虎殿、十方堂、紫霄殿、佳音杉、父母殿、东宫、西宫和太子岩等。宫殿周围的山冈峰峦延绵不绝，形成了一幅二龙戏珠的场面。

紫霄宫背依展旗峰，面对照壁、三公、五老、蜡烛、落帽和香炉诸峰。宫殿的右边是雷神洞，左边是蓬莱第一峰。在宫殿的近前还有禹迹池和宝珠峰等。紫霄宫整座宫殿雄伟壮丽，气势恢宏。

自东天门入龙虎殿，之后是循碑亭、朝拜殿、紫霄殿和父母殿。其余殿堂楼阁，鳞次栉比。两侧为东宫、西宫，自成院落，幽静雅致。

再加上四周松柏挺秀，竹林茂密，名花异草，相互掩映，使这片古建筑更显得高贵富丽。

二龙戏珠 指两条龙相对，戏玩着一颗宝珠。龙戏珠，实际上就是龙戏"卵"。表示对生命的呵护、爱抚和尊重。其中体现和表达的是古人的一种"生命意识"，也就是对传承不息的生命现象的认识、理解和发挥，与道教中的自然法则暗合。

青龙白虎 是道教的护卫神,武当山龙虎殿里的塑像是武当山宫观的守门神。青龙在阴阳二气中属阳,而白虎在阴阳二气中属阴。把青龙和白虎的神像放在同一个殿内隐含了我国道家修道养身的方法,即调养肝、肺之气,可以达到阴阳相济之效。另外,这两尊神像在道教文化中还具有斩除邪念、正本清源之功用。

■ 武当山朝拜殿

龙虎殿建在高大台基上,它是悬山顶砖木结构,绿色琉璃瓦屋面,殿外是"八"字墙,墙上是用琉璃琼花和孔雀等图案装饰的。

从刻有"紫霄福地"额坊的福地殿进入龙虎殿,正中间供奉着王灵官,它披甲执鞭,面容威严。在王灵官旁边有青龙白虎泥塑神像侍立,各有丈余高,皆是怒目圆睁、身着胄甲、手持戈戟的威武形象。

龙虎殿在武当山各主要宫殿里均有建造,里面都供奉青龙和白虎神像,以渲染朝拜真武的临前威仪。

在龙虎殿后有对称耸立着的两座御碑亭,是后来在明朝修建的,坐落在高大石台之上。亭呈方形,四方各开拱门。亭内置巨龟驮御碑,都是用整块青石雕琢而成。雕刻精细,造型逼真,形体完美,是世界罕见的石雕艺术品,极为珍贵。

御碑亭也是武当山各大宫观必不可少的建筑之一，两座碑亭分别置放两通御碑，一个是圣旨碑，上面刻着颁布的武当山管理规章。另外一个是纪成碑，雕刻的是明朝重修武当山的缘由及其重修过程。

御碑亭是象征高等级宫殿的重要标志。据考证，御碑亭代表着我国铭文形式的重要的阶段，亭中巨龟驮负御碑的雕塑，是由上古时的龟甲铭文形式演进而来，古人认为，只有巨龟才有资格向天下传达命令。

登上紫霄宫第三级阶台到达第二座殿堂朝拜殿。朝拜殿又称十方堂，也是后来明朝修建的，殿堂两侧建有八字墙，墙上饰琼花和珍禽图案，墙下为琉璃须弥座，殿内正中供奉铜铸鎏金真武大帝神像。

据记载，武当山在明朝为全国道教中心，全国各地道士游方挂单者络绎不绝，因此设立了朝拜堂，用来专门安排接待来往道士，因此又称为十方堂。

站在十方堂前，御碑亭、龙虎殿、宝珠峰和赐剑台尽收眼底，古柏、蹬道、流水和青山构成一幅赏心悦目的图画，由此可以看出皇家建筑的气魄和神妙。

朝拜殿后便是紫霄大殿，紫霄大殿是紫霄宫的正殿。也是武当山存留下来的唯一的重檐歇山式木结构的殿堂，是我国古建筑中屈指可数的抬梁式大木结构的道教建筑。

■ 武当山古树

铭文 指古人在青铜礼器上加铸的文字。多用来记录铸造该器的缘由和所纪念或祭祀的人物等，后来泛指在各类器物上特意留下的记录该器物制作的时间、地点、工匠姓名、作坊名称等的文字。

■ 武当山紫霄殿

紫霄大殿的结构和布局科学合理，艺术风格协调统一，同自然环境融为一体，在武当山古建筑群中独具风貌。并且在漫长的历史进程中，汇集了历代工匠的技术和智慧，集中体现了我国建筑的辉煌成就。

最为奇妙的是紫霄大殿的内部。大殿内雕梁画栋，富丽堂皇，构思巧妙，造型舒展大方，装修古朴典雅，陈设庄重考究。大殿内设神龛五座，供有数以百计的珍贵文物，大多为元明清三代塑造的各种神像和供器，造型各异，生动逼真，具有极高的观赏和科研价值。

紫霄大殿正中的神龛供奉的是泥塑彩绘贴金的真武神像。旁边还供奉着一尊明末清初的纸糊贴金神像，是我国迄今发现最早、保存最好的纸糊神像，它集聚了我国古代纸糊、雕塑、贴金、彩绘和防腐等工艺的精髓，是一件文物珍品，对研究我国古代纸糊工艺有很高的价值。

三教合一 三教合一是指佛教、道教、儒教三个教派的融合。儒、道、佛是我国传统文化的主体，三教的融合是贯穿近2000年我国思想文化史中一股重要的流派，三教合一对我国文化乃至我国社会的变迁产生巨大影响。

紫霄大殿屋脊由6条三彩琉璃飞龙组成，中间有一个宝瓶，闪闪发光。因为宝瓶沉重高大，由4根铁索牵制，铁索的另一头系在4个童子神像手中。

传说这4个童子护着宝瓶，无论严寒酷暑或是风雨雷电，他们都要坚守岗位，以确保宝瓶不动摇。因为所在位置比殿里供奉的主神还高，所以人们称他们"神上神"。后来老百姓看他们长年累月地风吹日晒，又叫他们"苦孩儿"。

紫霄大殿后的高大崇台上，建有父母殿。这里古树参天、青山如黛，高敞清幽，是武当山自然环境最佳的胜境之一。父母殿为3层砖木结构，殿内设有3个神龛，正中神龛上供奉真武大帝生身父母明真大帝和善胜皇后的造像，道士信徒尊称他们为圣父圣母。

据考证，父母殿后来建于明代，并且武当山各大宫观都设有父母殿，是武当山皇家庙观的重要特征之一，这里体现有武当山道教提倡的"三教合一"的宗教特征。

在武当山紫霄宫大殿后有用青石雕的龟蛇二将，只见碗口粗的蛇将军，紧紧缠着簸箕大的龟将军，龟将军脑袋却放在一边，"咕咕嘟嘟"一个劲地吐水。那水清甜如甘露，被人们称为"仙水"。关于这个龟将军为什么会一直往外吐水，还有一个传说。

传说，少年的真武来到武当山修炼，把鞋袜脱到一边，日夜盘坐，静心修炼，不吃

■武当山龟驮碑

饭，也不喝水。这可苦了真武的肚子和肠子，它们相互埋怨，争吵不休，闹腾得真武坐立不安，无心修炼。真武一怒之下，剖腹开膛，把肚子和肠子一把抓出来，扔到背后的草丛中。

肠子和肚子在草丛里，日夜听真武诵经，天长日久，道法附身，变得能说会道，善飞善跑，上天入海，神通广大。不仅能变成珍禽异兽，也能变成各种人物，可就是原形难变，所以一心想变得漂亮点。

一日，它们看真武睡熟了，便从草丛里溜出来。肠子钻进真武的袜筒里，在地上打了3个滚，变成了一条满身披鳞戴甲的大蛇。肚子拿过真武的鞋子朝背上一盖，也打了3个滚，变成了一只大乌龟。

从此以后，真武就没有鞋袜穿了，打起赤脚来，所以武当山各个宫观内供奉的真武像大多都打着赤脚。真武行走，也只好把龟蛇当鞋子，后来龟蛇成了真武的坐骑。

那肚子和肠子变成龟蛇精后，常常吃老百姓猪羊牛马，最后连人也吃。此时真武已修炼成神，就带上宝剑去收服它们。

龟蛇尽管是真武的肠肚变的，但已经得道成精，不肯听真武的话。真武怒发冲冠，挥起宝剑照龟背斩了4下。龟不仅不痛不痒，龟背

武当山龟蛇二将

■ 武当山福禄寿影壁墙

上却显出了美丽的花纹。从此以后，龟背上就有了花纹。

蛇趁势扑上来，死死缠住真武。真武又一挥宝剑，忽听一声响，五根撑天柱应声而倒，天塌下来，顿时把龟压扁了。同时，撑天柱变成了绳子，捆住了蛇，越捆越紧。从此以后，蛇就变得细溜溜的了。

龟回头一看，背上压的并不是天，而是真武的一只赤脚。蛇转过脖子，见并不是撑天柱变的绳子，而是真武的大手。这一下它们才苦苦求饶。真武看龟蛇是自己肚肠变化的，又武艺高强，也归顺了，就收它们作为自己的坐骑，并封为"龟蛇二将"。

可龟将军邪念未收，表面佯装老实，背后继续干坏事，最后被人告到了真武那里。真武半信半疑，便叫龟将军说实话，龟将军拼命狡辩。真武只好暂时放了它，但真武想定要弄个水落石出。

有一次，真武闭目养神，佯装睡着了。龟将军以为他已经睡熟，便摇身一变成一个美公子，溜出宫门，吃喝嫖赌，玩了个痛快。回来后现出原形，看到神案上放着仙果，又一口把一个大仙果吃了。

龟将军的所作所为，被真武看得清清楚楚，真武大怒一脚踏下，把大仙果就从龟将军肚子里踩了出来。

龟将军触犯了天条，不能饶恕，于是真武举起宝剑，将龟将军的脑袋砍下。顺势一脚，把龟头龟身踢到紫霄宫的背后。又令蛇将军缠到龟身上，逼着龟将军往外吐它做的坏事，并告诉龟将军什么时候吐完说尽了，再把头给它安上。

从此，紫霄宫后那个大乌龟就没有脑袋了，天天从脖子里吐水。还听得龟脖子里发出逼真的"不吐，不吐"的响声。因为乌龟不好好吐，所以永远吐不完，龟将军的头也永远不能复原，便一直在紫霄宫后面吐水了。

至宋宁宗和宋理宗时期，他们都为真武封号，虔诚祭祀，同时著名道士邓若拙、房长须、谢天地和孙寂然等人相继入山修道、宣传道经，武当山的道教得到了进一步发展。

宋元交兵之际，武当山所在地均州也遭到兵灾，所以山上的宫观受到严重的破坏。例如紫霄宫在1260年以后已杳无人迹。后来，明成祖和清仁宗又对紫霄宫进行了扩建和修葺，使它恢复了往日的繁荣。

阅读链接

在紫霄宫的前面有一个晶莹剔透的池子，名为禹迹池。

传说在远古时候，天下是一片茫茫大海。女娲创造人类以后，人们连巴掌大一块地盘也没有，哪有地方种庄稼做菜园啊，那日子真够苦了。

大禹为民造福，把水统统赶到了大海里面，这才出现了如今的陆地。禹王凯旋，路过武当山展旗峰，渴得嘴里吐火，嗓子眼冒烟，想找点水喝。可他已把水都赶下大海了，到处地枯石焦。

于是他抡起宝镢，"吭"的一声响，挖出个通海大池，霎时涌出一池晶莹剔透的甜水。人们缅怀禹王，就把那个池子叫"禹迹池"。

宛若天宫的南岩宫胜景

元朝时期,道教深受统治者恩宠,武当山成为元朝皇帝"告天祝寿"的重要道场。1269年冬天,有龟蛇出现在大都燕京西郊的高粱河,众人以为是真武大帝显灵,象征元王朝国运兴隆,因此元朝十分崇奉真武大帝。

■武当山南岩宫

■ 武当山南岩宫

后来，道士汪贞常到武当山修炼，在1275年率领徒众鲁大宥等人重建五龙观。在1278年以道法术数著称于世的道士赵守节，率领道徒重修武当佑圣观。

1286年元世祖借重道教，重建五龙观，升观为宫，并命法师叶希真、刘道明、华洞真充任武当山提点，屡降御香至武当山祝愿祈福。

另外，在元代还建有福地门、天乙真庆宫、玉虚岩庙、雷神洞岩庙和尹仙岩庙等100余栋建筑。武当山道教在社会上的影响越来越大，成为与天师道本山龙虎山齐名的道教圣地。

元代时，武当山因帝王的崇拜及诸道士的经营，香火更加兴盛，玄武与武当山的关系传说也有新的发展。刘道明法师撰写的《武当福地总真集》中对武当山名称的由来提出了新的看法。

刘道明法师认为武当山是由于真武大帝在此修道

《武当福地总真集》为元代道士刘道明编集。记录了元代初期，武当山的自然风光、道教文物和神话传说，以及仙真和有名道士的事迹等，可供研究武当山道教史之用。

成功，飞升之后，此山非真武大帝不足以当之，而改名为武当，其书中充满了真武大帝在武当山修道降魔的事迹。以五龙观为例，就可以看出元代当时将武当山的道教宫观附会真武大帝修炼的情形。

根据《五龙观记碑》的记载，五龙观兴建的原因是武当山所在地的均州知州姚简到武当山祈雨有验，后来这件事上奏给了唐太宗，唐太宗就降旨在武当山建造了五龙观以表其圣迹。

但道士王象之等人附会五龙观为真武隐居的地方。说真武得道飞升的时候，有5条龙掖驾上升，所以在他旧隐的地方建五龙观以祭祀之。

并且成书稍后于《武当福地总真集》的《玄天上帝启圣录》中，在玄武于修道武当山的故事中添饰了玄武历经考验的情节，使玄武的传记更符合道教神仙传记的惯用结构，即修道者从开始修道，历经考验，

> **三清** 道教用语。总称谓是"虚无自然大罗三清三境三宝天尊"，位于玉几下三宝景阳宫。指道教所尊的玉清、上清、太清三清境。也指居于三清仙境的三位尊神，即玉清元始天尊、上清灵宝天尊、太清道德天尊即太上老君。"三清"之称始于六朝，开始仅指"三清境"。"三清"作为道教尊神，是伴随着道教三洞经书说逐步形成的。

■ 武当山南岩宫两仪殿

武当山"天下第一香"龙头香

最后升登仙界,并且新增加的情节都注明有遗迹。

道教徒之所以选择武当山为真武修道的圣地,乃由于武当山在唐末五代以来,已成为道教的仙境福地之一,再加上武当山的名字与玄武都有"武"字,便附会玄武曾修炼于武当山。

元代武当山的风物大量附会了真武的遗迹,一方面表现了地方风物的情趣;一方面也表明了真武信仰的流传,正是因此武当山成了祭奉真武大帝的圣地。在这一时期,武当山有名的南岩宫道教建筑群也被修建了起来,后来在明代进行了扩建,使南岩宫的占地达到了9万多平方米。

南岩宫坐落在武当山南岩绝壁上,总体布局,巧借地势,依山傍岩。在建筑手法上打破了传统的完全对称的布局和模式,使座座宫室镶嵌于悬崖峭壁,宛若天成,使其与环境风貌达到了高度的和谐统一,营造出了道教追求的"天人合一"的至高意境。

南岩宫存留下来的有天乙真庆宫石殿、两仪殿、皇经堂、八卦亭、龙虎殿、大碑亭和南天门等建筑物。玄帝殿是后来修复的,修复后的玄帝殿重檐歇山,丹墙碧瓦,崇台高举,巍峨壮观,宛如天宫。

在天乙真庆宫殿内供奉的是三清、四御及真武大帝等数十尊铜铸饰金神像,庄严肃穆,气韵生动。四壁和梁上嵌有500尊铁铸饰金灵官造像,均高尺许,神态各异,传说是真武的父亲净乐国王派到武当山寻找真武的500名卫士习道而成。

在殿里左侧的神龛内有"太子卧龙床"的雕刻。其中盘龙张牙舞爪，太子头枕龙头，和衣而卧，形象生动，神态自若。天乙真庆宫是武当山存留下来的较完整的宫观之一。

天乙真庆宫是我国古建筑中的绝世之作。整个石殿设计精巧，刻工精细，又建于悬崖之上，其工程之大，难度之高，超乎人们的想象，是我国的大型石雕艺术珍品。

在石殿外绝崖旁有一座雕龙石梁，从悬崖峭壁上横空出世，面对金顶，下临深涧，顶端置一香炉，这便是被称为"天下第一香"的龙头香。

在石殿台阶下面是青石墁地院落，在院中有一口古井，名为甘露井，井台是用青石雕制而成，周围六角饰有围栏，水质清冽甘甜，犹如甘露。

南岩宫在从皇经堂到两仪殿之间有一个长廊，长廊上遍布摩崖石刻，其中有后来明嘉靖初年内阁首辅大臣夏言和其弟子王颙所题的"寿福康宁"4个大字。字体苍劲有力，气势非凡。

南岩西侧一峰突兀，名梳妆岩，上建"梳妆台"，相传为真武大帝修道成功飞升之处。

阅读链接

龙头香是古代工匠采用圆雕、镂雕、影雕等多种手法凿刻的合并为一体的两条龙。它造型浑然，两条龙仰视吞噬着一团火球，跃跃欲飞，让人叹为观止。

在万仞峭壁上悬空伸展的两条龙传说是玄武大帝的御骑，玄武大帝经常骑着它们到处巡视。

龙头香又名龙首石，建于1314年的元代。在过去，有些香客为了表示自己的虔诚，冒着生命危险去烧龙头香，坠岩殒命者不计其数。1673年，康熙下令禁烧龙头香，并设栏门加锁，才止住了烧香坠崖的情况发生。

皇权和神权融合的太和宫

至明代,藩王朱棣夺取了他侄子朱允炆的皇位,他的理论依据之一便是君权神授,说他是得到了武当真武大帝的荫佑才当上了皇帝。他登基后便大兴土木,北修故宫,南修武当。这些举动为武当山的道教进入鼎盛时期拉开了序幕。

武当山金顶太和宫

■武当金顶紫禁城

在这一时期，武当山修建了大量的道教宫观，其中太和宫的大部分建筑就是在明代修建起来的。太和宫位于武当山主峰天柱峰的南侧，主要由紫禁城、古铜殿和金殿等建筑组成。

紫禁城是一组在悬崖峭壁上的建筑群，城墙环绕于主峰天柱峰的峰顶。古铜殿位于主峰前的小莲峰上，殿体全部由铜铸构件拼装而成，是我国最早的铜铸木结构建筑。金殿位于天柱峰顶端，是我国存留下来的最大的铜铸鎏金大殿。

太和宫的正殿供奉着真武大帝坐像，神龛上有金童和玉女侍立两侧，神龛下列侍邓伯文、杨戬、赵公明、温天君、马天君和水火二将军等天神尊像。在正殿的殿门上有"大岳太和宫"横额。

太和宫前有朝拜殿，朝拜殿两侧为钟鼓楼，钟楼上悬挂着一座巨型铜钟，音质清澈，万山回应。殿前有一座状若莲花的平台，被称为小莲峰。台上有一座小铜殿，殿高2.9米，宽2.7米，进深2.6米，是在元代由信徒们捐资铸造的。

从朝拜殿右折下，便是皇经堂。堂内分为3间，在中间悬挂着"白玉京中"匾额，左边悬挂着"道济群生"匾额，右边悬挂着"浮佑下

■ 武当金顶古建筑

藻井 是我国古代殿堂室内顶棚的一种独特做法。古人穴居时，常在穴洞顶部开洞以纳光、通风、上下出入。出现房屋后，仍保留这一形式。其外形像个凹进的井，"井"加上藻文饰样，所以称为"藻井"。藻井一般做成向上隆起的井状，有方形、多边形或圆形凹面，周围饰以各种花藻井纹、雕刻和彩绘。多用在宫殿、寺庙中的宝座、佛坛上方最重要部位。

民"匾额，在廊壁有"松鹤"图。

皇经堂的门楣和门窗的浮雕描绘的都是道教神话，并且工艺精湛。在殿内供奉的神像有三清、玉皇、真武、观音、吕洞宾和灵官等，塑造精美，形象生动。皇经堂附近还有天云楼、天鹤楼、天乙楼和天池楼等遗址。吊钟台上有座巨大的铜钟，双龙钮吊莲花式。

皇经堂由每块重达几千千克的石块建筑在千仞危崖之上，墙上窄下宽，里看墙体向外倒，外望墙体向里斜，远眺如美丽的光围环绕金殿。城墙设4座天门，东西北3座门面临的是绝壁，只有南天门可以到达金殿。

从皇经堂折上南天门就到了紫禁城，紫禁城又称皇城，环绕天柱峰巅。

进入南天门，是灵宫殿长廊。长廊内有小巧玲珑的锡铸灵宫殿，内供灵官神像。在灵宫殿右侧是御制石碑6通，都是武当山的珍贵文物。

出长廊攀上"九连磴"，即9转而登165级石梯，就到了驰名中外的武当山金顶，即金殿。金殿建于1416年，通体为铜铸鎏金，殿内还有水火二将、龟蛇二将以及供器和供果等，均是铜铸鎏金。殿内金匾上题有"金光妙像"4个大字，是清朝的康熙皇帝的御笔。

在殿中的藻井上，悬挂着一颗鎏金宝珠，人们称它为"避风仙珠"。关于这个避风仙珠还有这么一个故事。

传说，明朝永乐皇帝动用全国军民和工匠共30万人，花了12年的工夫，在武当山建造了33处宏伟的宫观庙宇，使这里变得就像天上的神宫金阙、人间的仙境宝地一样。可皇帝还是不满意，又召集了天下的能工巧匠，命他们造一座天上难找、地下难寻的宫殿。

领工师傅心灵手巧，用最巧妙的设计、最精湛的工艺，很快就铸造好了一座金殿，引领皇帝来看。

皇上沿着天梯一样的神道登上天柱峰顶。往上看，天空碧蓝，日月就在前后。往下看，云海茫茫，露出72个山头，各个美如翡翠宝玉，拥戴着天柱峰。他绕着玉石栏杆细看那新修的宫殿，只见这座宫殿通体镀着赤金，上面所刻的阳纹柔和，珍禽异兽生动。皇帝十分满意。

皇帝走进大殿，见真武

■武当金顶紫禁城

大帝像前神案上，是一盏黄金制成的神灯，有半个人那么高，灯油满满的，灯芯是全新的，只等他来点燃了。

皇帝点燃长明神灯，对着神像默默祈求，希望真武大帝能保佑他的江山像这金殿一样牢固，像神灯一样长明。哪知山风太大吹进殿内，长明灯一下熄灭了。皇帝非常生气，认为这是不祥的兆头，就怪罪领工师傅，限他们在三天之内点燃长明神灯，否则就要全部处斩。

大家都想不出点燃长明灯的办法，领工师傅心急如焚。他用了三天三夜，走遍了天柱峰顶，到处都是大风呼啸，火苗很容易被风吹灭。眼看限期就要到了，领工师傅仰天大哭了起来，这时从远处走来一个老头问领工师傅："你为什么哭啊？"

领工师傅便告诉了他事情的原委，那老头得知事情原委后笑笑说："世上无难事，就怕有心人嘛，先吸锅烟再说。"

武当山金顶

领工师傅说："风这么大，怎么能点着烟呢？"

老头掏出火镰，两手捧成葫芦形，只听"嚓嚓嚓"，火花飞溅，纸媒点着了，火苗在老头手心里闪闪发亮，老头笑道："这不是点着了吗？"

领工师傅心头一亮，再看那老头儿，早已踏着五彩祥云，消失在天边。他这才恍然大悟，原来那老头是鲁班祖师，是前来点化他的。

领工师傅高兴极了，对

■ 金顶金殿匾额

大家说："鲁班师傅的纸媒能迎风不灭，是因为手捧的葫芦只有一个口，吹不进去风。如果我们把金殿的窗户、缝隙焊接严实，只留一个门，也像手捧的葫芦一样，神灯不就长明不灭了吗？"工匠们一听，果然有理。

第四天早晨天刚亮，管金殿的道总发现工匠们各个都不在了，只有阵阵山风在吹，以为工匠们怕杀头，都跑光了。哪知他走进金殿一看，只见那神灯被点燃了，金案上放着一张字条，上面写着两行大字：

铸造金殿不图名利富贵，
绝世工艺要与日月同辉。

道总看罢，心生一计，将字条藏了起来，又拿了

鲁班（前507年～前444年），姓公输名般，又称公输子、公输盘、班输、鲁般。故里在山东滕州。春秋末期到战国初期鲁国的土木工匠。鲁班是我国古代的一位出色的发明家，2000多年以来，他的名字和有关他的故事，一直在广大人民群众中流传。我国的土木工匠们都尊称他为"祖师"。

武当山太和宫石碑

一个鎏金铜珠挂到金殿的正中。当皇帝登上天柱峰，要来看长明神灯的时候，道总忙迎上前去奏报说："皇上建武当、造金殿、献神灯，感动真武大帝，昨夜降下一颗定风珠，保神灯长明不灭。"

皇帝信以为真，重奖了道总，工匠们的心血就这样被埋没了。

其实，金殿中没有风是因为当时在设计金殿的构造时，不仅考虑到了精密铸件的热胀冷缩系数，而且拼接严实，毫无铸凿痕迹，除殿门外，整座殿堂拼合得非常紧密，殿内的空气不能与外界形成对流，因此即使有狂风暴雨也不能对神灯有丝毫影响。

正是因为金殿的设计十分巧妙，成为我国古代建筑和铸造工艺史上极其光辉的一页。我国建筑学家将它称为"古今第一殿"。

阅读链接

金殿在多雷季节，还有"雷火炼殿"的奇观。雷火炼殿是指由雷电而产生的火球在金殿四周的铜柱上滚动，十分壮观。更为奇特的是，每次雷火之后，金殿四周铜柱上的锈就会全部消失。

雷火炼殿的产生是因为金殿屹立在天柱峰之巅，是一个庞大的导电体。武当山重峦叠嶂，受热不均，气候多变，异常混乱的风向使云层之间摩擦频繁而带大量电荷。

很多带电的积雨云都向金殿运动，当云层与金殿达到一定距离时，云层与金殿上的尖角之间会形成巨大的电位差，这时就产生了闪电雷鸣。

环绕金顶的动人神话传说

从武当山的门户玄岳门到金顶大约35千米,由方石铺成,道路崎岖,在险峻地段设有石栏和铁链,古称神道。沿途上风光变幻莫测,神奇美妙,在神道上漫步,有"千层楼阁空中起,万叠云山足下环"的意境。

这层层转折的古神道又称"上十八盘"和"下十八盘",传说是少年真武为了修行和母亲善胜皇后分手的地方。当时少年真武立下宏图大志,要修道成仙、除尽

■ 武当山金顶太和宫

■ 武当山太子坡

天下妖魔,他的这份决心感动了紫气元君,于是紫气元君下凡指点他到武当山修行。

就在少年真武准备启程的时候,国王、皇后还有文武百官知道了,都前来劝阻。尤其是他的母亲善胜皇后,泣泪规劝,说去武当山要飘过茫茫的大海,越过荒无人烟的沙漠,路上险阻重重,生死莫测。

可是少年真武已经下定决心要去武当山修行,这天,他辞别了父母,孤身一人走了。我国有句俗语,儿行千里母担忧。自从儿子走后,善胜皇后茶饭不思,夜不能寐,非常牵挂儿子,于是就带着500名御林军追赶儿子。

善胜皇后追了九九八十一天,终于在武当山找到了自己的儿子。母子见面,悲喜交加,善胜皇后泪如雨下,滴下的眼泪汇成了一潭池水。后来,人们在池水四周用青石砌成护栏,取名为"滴泪池"。

紫气元君 为真武大帝的老师,全称为"玉清圣祖紫气元君",为太上老君的化身。真武降生为净乐国太子后,紫元君授以无上道,令真武到武当山修炼,又以铁杵磨针指点真武修道成仙。

善胜皇后一面哭，一面抓着儿子的衣袍，苦劝儿子回家。真武太爱母亲，不愿让她伤心落泪，可又觉得修炼要紧，不肯改变主意。

于是，他拔出七星宝剑，朝着母亲拉着的衣角轻轻一挑，割断了衣袍。那衣角便腾空飞起来，随风飘荡，最后落到汉江的水中，变成了现在人们看到的大袍山和小袍山。

真武割断衣袍就急忙朝山上走。善胜皇后眼看儿子又要离开，急忙去追。真武无奈，眼一闭，心一横，挥动宝剑照身后一划，只听"轰"的一声响，地面现出一条大河，河水汹涌，把善胜皇后隔在了河的对岸。

河水隔开了母子，善胜皇后没办法，只能朝回走，每走一步，就依依不舍地喊声："皇儿！"

太子心里也舍不得母亲，朝山上走，每走一步，就深情地喊声："娘！"

善胜皇后喊了18声，朝回走了18步。太子也喊了18声，朝山上走了18步。从此，武当山通往金顶的古神道上便有了这个"上十八盘"

■ 武当山建筑

金童玉女 是道家谓供仙人役使的童男童女。按道教的说法，凡神仙所居洞天福地，皆有金童玉女伺候。道教的玉皇大殿、三清殿等神殿中神像的旁侧，常塑有金童玉女像。

灵霄宝殿 是神话传说中玉皇大帝的宫殿名。西游记中孙悟空大闹的天宫就是灵霄宝殿。灵霄宝殿是天庭的宝殿之首，是玉帝面见朝臣的地方。传说是进入南天门之后的第一殿。

和"下十八盘"。

在武当山金殿的正前方，还有两座峻拔的山峰，一座恰似身材苗条、亭亭玉立的美丽少女，名叫"玉女峰"；另一座像身材魁伟、英俊挺拔的风流少年，叫作"金童峰"。

在金童峰和玉女峰之间，隔着一道峻岭，就像一道天然屏障一样，把它们分开了。

关于这两座山峰还流传着一个动人的传说。

金童和玉女原本是玉皇大帝身边的两个侍童，玉皇大帝是统治天上神仙的总管，制定了很多清规戒律。要求所有的神仙衣食住行和言行举止等都不能自由散漫，男女之间不准说笑玩乐，更不准谈情说爱。

谁若触犯了这些天条，轻则打下凡去受罪，重则按天条严惩。所以，灵霄宝殿虽然无比的富丽堂皇，却像雪窖冰窟一样寒冷，没有一丝欢乐。

■ 武当金童玉女峰

武当山金顶

金童和玉女时时刻刻侍立在玉皇大帝的左右，不敢说，不敢笑，也不敢动。他们虽然穿着红罗绸缎，戴着金银珠宝，心里却有苦说不出，每天还要装着笑脸恭敬地站在玉帝面前。

不知过了多长时间，金童和玉女彼此爱上了对方，两人虽常常暗送秋波，他们都心领神会，可谁也不敢把心里话表露出来。

有一天，金童和玉女趁着玉皇大帝带领文武百官出宫巡视的机会，放开胆子说出了心里话。

他俩都太高兴了，无拘无束地说啊，笑啊，自由自在地跳啊，唱啊。哪知一不小心把玉皇大帝的御案弄倒了。御案上的香炉、蜡台和御笔都滚出了天宫，落到了武当山，变成了蜡烛峰、香炉峰、大笔峰和小笔峰。

这时，玉皇大帝回来了，怒发冲冠，要严惩金童玉女。王母娘娘看金童玉女平时老实勤快，便请求玉皇能从宽处理。于是玉皇就把金童玉女赶出了灵霄宝殿，让他俩到武当山侍候真武大帝。

金童玉女来到武当山后，还是相互爱慕、暗暗往来。后来被玉皇大帝知道了，玉皇大帝大发雷霆，顺手拿来令牌，朝金童玉女砸去。

只听得一声震天巨响，那令牌落到了武当山的天柱峰前，变成了一座凌云山岭，立在金童玉女之间，挡住了他们两个的视线。从此，金童玉女再也不能相见了。后来，人们把它叫作"分金岭"，意思是那岭分开了金童和玉女。

可是，他们情深如海，日夜相望，只因山岭阻隔望不到心上人，非常痛苦，但是他们两个相爱之心越来越坚定，后来他们两个越来越瘦，越瘦越高，最后变成了两座秀丽的小山，就是武当山上的金童峰和玉女峰。

金童玉女的爱情感动了善良的风婆婆，于是风婆婆就经常在金童玉女之间跑来跑去为他们送信儿，带去彼此的心里话。

风婆婆跑快了风就大，她跑慢了风就小。所以，武当山一年四季总是不断刮风，就是因为金童玉女心里话太多，风婆婆忙着送信儿，永远也送不完。

阅读链接

真武15岁时，已是满腹经纶，还学得了一身好武艺。可是，如何才能得道成仙，实现自己普度众生的宏图大愿呢？这让太子很是苦闷。

一天，真武一人坐在御花园里苦思冥想。这时，花丛中忽然走出一位紫衣道姑，语重心长地对他说："想要得道成仙，就要避开红尘世界，你应该越过大海，往东一直走，那边有一座山，叫太和山，你应该去那里修行。"

说罢，道姑就化作一股清风不见了。原来那道姑是紫气元君。她见真武一心向道，就化作道姑下凡来点化他。

如出水芙蓉般的复真观

复真观又名太子坡，始建于明代。据记载，是在1412年由明成祖朱棣始建玄帝殿宇、山门和廊庑等共29间。在1553年又进行了扩建，使复真观建筑群殿宇达到200余间。

后来清代又先后经过了3次修葺，但都因年久失修，损坏严重。到了近现代，人们又对复真观进行了全面修缮，恢复了其本来的历史面目。

复真观坐落在武当山狮子峰的陡坡上，被当今建筑学家赞誉为利用陡坡开展建筑的经典之作。复真观背依狮子山，右有天池飞瀑，左接十八盘栈道，远远望去就像一朵出水芙蓉。

武当山复真观

彩绘 在我国自古有之，被称为丹青。其常用于我国传统建筑上绘制的装饰画。我国建筑彩绘的运用和发明可以追溯到2000多年前的春秋时代。它自隋唐期间开始大范围运用，到了清朝进入鼎盛时期，清朝的建筑物大部分都覆盖了精美复杂的彩绘。

走进复真观的山门，就可以看到在古道上沿着山势起伏的一排70多米长的红色夹墙，这就是九曲黄河墙。

九曲黄河墙构思布局及用意都十分巧妙，流畅的弧形墙体，似波浪起伏，气势非凡。它那弯曲高大的红墙，对初次来武当山进香的香客无疑是一次"诚信"的考验。

九曲黄河墙浑圆平整，弧线流畅悦目，墙的顶端是绿色琉璃瓦顶，犹如两条巨龙盘旋飞腾。无论从什么角度欣赏，都可以给人以美感，更加体现出了皇家建筑的气派和豪华。

关于九曲黄河墙名称的来历有多种说法，但大部分人都认为这个名字体现了道教思想。

在道教思想中认为，给道教庙宇布施的道衣、经书、造像、建筑、法器、灯烛、钟磬、斋食和香表的人，都可以得到神灵的佑护，这9种布施被称为"九种功德"，因此把这个上山祈福必经的墙称为九曲黄河墙。

通过九曲黄河墙后，还有照壁和龙虎殿等建筑物，在第二重院落突出的高台上就是复真观大殿。

复真观大殿又名"祖师殿"，是复真观神灵区的主体

■ 武当山建筑

建筑，也是整个建筑群的重点部位，富丽堂皇的大殿洋溢着威武、庄严和肃穆的氛围，使人顿生虔诚之感。

复真观大殿始建于明代，后来在清重修。因为清代复真观的维修是地方官吏和民间信士捐资的，所以虽难以保持原有建筑的皇家等级，但增加了许多民间建筑做法。通过复真观大殿，可以同时看到明清两代的建筑技术和艺术的遗存。

武当山一柱十二梁

在复真观大殿内供奉着真武神像和侍从金童玉女。这一组巨大的塑像为武当山全山最大的彩绘木雕像，历经数百年依然灿美如新。

复真观的五云楼，也叫五层楼，是存留下来的武当山最高的木构建筑。它是古代劳动人民在不开挖山体的情况下，完全依山势变化而建的，取得了整体布局和实用性的双重最佳效果。

五云楼是用传统的民族工艺所营造的，墙体、隔间和门窗均为木构，各层内部厅堂房间因地制宜，各有变化。五云楼最有名之处就是它最顶层的"一柱十二梁"。

一柱十二梁是指在1根主体立柱上，有12根梁枋穿凿在上，交叉迭搁，计算周密。这一纯建筑学上的构架，是古代木结构建筑的杰作，受到人们的高度赞誉，是复真观里的一大奇观。

在复真观建筑群的最高处，耸立着太子读书殿。它小巧精致，却又不失皇家建筑的气魄。

武当山太子读书殿

太子读书殿的建造是为了突出幼年真武苦读经书的事迹。殿内的布置独具匠心,有少年真武读书的壁画、石案、笔墨和古籍等。在殿内营造的刻苦读书的氛围很容易让人联想到幼年真武生活学习的认真、信心和恒心。

在太子读书殿内供奉有铜铸太子读书像,是武当山唯一求学祈福之地。香客游人到此,都会仔细观察太子读书像的神态,认真领悟太子读书的专心,使自己对学习有新的启发和认识。

因真武大帝少年时代刻苦读书、志愿远大,成了楷模,人们就在武当山的太子坡修建了一座宫殿,取名为太子读书殿。

民间传说,若是莘莘学子来此瞻仰,便可学业有成。所以古往今来,有无数少年学子亲临观瞻,以增加建树学业的恒心和信心。后来,很多望子成龙的家长们也常来此地,以求事如意愿,子女成才。

阅读链接

传说真武10余岁便来到武当山学道修炼,枯燥无味的修行生活,偏僻幽静的深山峻岭,渐渐地让太子产生了动摇。

一天,真武实在思念家乡,便擅自下山想要还俗回家。当他走到磨针井,也就是纯阳宫的时候,真武的师父紫元君化身姥姆,循循善诱,用"铁杵磨针"的故事点化真武。

真武聪明觉悟,不禁觉得惭愧,再次回到山中修炼。终于得道升天,成为北方的真武大帝。后来人们就把真武学习的地方取名为太子坡。

玄岳门内神灵一视同仁

1552年，明世宗拨银重修武当，令工部右侍郎会同湖广布政司官员99人，统领60多个府、州和县的军民工匠开赴武当。

工匠们经一年半的努力，共维修、扩建庙房955栋，建造宫墙40多千米，石桥28座等，使武当山成为以八宫二观为主体的庞大道教建筑群，共计有道官、道众、军队和工匠等1万余人。

另外，明世宗还为武当山立了牌坊，封为"治世玄岳"。"治世玄岳"牌坊，即玄岳门，位于武当山镇东，是进入武当山的第一道门户。它上依层峦叠嶂的武当山，下临烟波浩渺的丹江口水库，湖光山色，相映成趣。

武当山玄岳门

治世玄岳牌坊为三

间四柱五楼式的石建筑，石凿榫卯而成。

坊额的正中间刻着明代嘉靖皇帝所赐的"治世玄岳"4个大字，笔势隽永刚健，其意思是用武当道教及祀奉的真武神来治理天下。这也反映了嘉靖皇帝对武当山和真武神极高的政治企望，也是当时武当山显赫地位的重要标志。

石牌坊是工部右侍郎陆杰精心策划和巧妙设计的。他把"治世玄岳"分别刻于石坊的两面，不分正反，寓意神灵不分贵贱，待人一律平等。

牌坊的额坊、檐椽和栏柱上用浮雕、镂雕和圆雕的手法刻有仙鹤游云、八仙迎宾等图案。坊下有鳌鱼相对，卷尾支撑。在坊顶饰有螭吻吞脊。在檐下坊间又缀以各种花鸟图案，五檐飞举，做工精细，神奇美妙，被称为我国石雕艺术的精品。

在玄岳门正面门柱上，用青石精雕出八仙人物和上八仙之中的福、禄、寿三星神及禧神。正面二楼四柱上雕八仙人物成对排列，从右至左分别为铁拐李和钟离权、吕洞宾和何仙姑、蓝采和和张果老、曹国舅和韩湘子。正面左侧三、四楼雕有禄、禧二神像，右侧三、四楼雕有福、寿二神像。背面左侧四楼立柱上雕有手持宝瓶的蓝采和。

这些石雕八仙神像，不仅丰富了玄岳门的道教文化内涵，而且也

> **榫卯** 是在两个木构件上所采用的一种凹凸结合的连接方式。凸出部分叫榫，凹进部分叫卯。这是我国古代建筑、家具及其他木制器械的主要结构方式。

■ **螭吻** 传说是龙生九子中的儿子之一，平生好水，平生好吞，即殿脊的兽头之形。多用于皇宫、庙宇和达官贵族的屋顶上，俯视人间，属水性，用它作为镇邪之物以避火。

反映了明朝中期武当道教的八仙信仰情况。

玄岳门前本来还有灵官殿、玄都宫和回心庵等建筑，但后来都因年久失修荒废了。存留下来的有铜铸鎏金的王灵官神像和六甲神像，造型生动，后来移至元和观了。从前在灵宫殿里有一副楹联，曰：

好大胆敢来见我；
快回头且莫害人。

■ 武当山上的香炉

自从玄岳门建成后，道教视玄岳门为仙界与凡界的分界线，所以又有了官道和神道之分。

从原均州城至玄岳门25千米，路面全为方石铺成，平坦宽阔，被称为官道。沿路分布均州城、静乐宫、迎恩宫、三元宫、周府庵等100多处宫观庙宇，后来被丹江口水库淹没，成为一片高峡平湖的迷人景象。

八仙 是指民间广为流传的道教八位神仙。传说八仙分别代表着男、女、老、少、富、贵、贫、贱，均为凡人得道，与百姓较为接近。是道教中相当重要的神仙代表。

阅读链接

相传古代香客朝山进香，不管是文武百官，还是富贵商贾，都要在玄岳门卸轿下马，到灵官殿进香，洗心入静，虔诚敬神，否则会受到王灵官的惩罚，降临大灾大难。

所以信士香客们到此都不敢胡思乱想、信口雌黄，只能心虔志诚地登山敬神。所以在民间就有"进了玄岳门，性命交给神。出了玄岳门，还是阳间人"的说法。

竹月梅风巧相映的磨针井

至清代，统治者偏重佛教，不重视道教，武当道教日趋衰落，但是到武当山进香的香客依然络绎不绝。有名的磨针井也是在这个时期建造起来的。磨针井又名纯阳宫，布局精巧，结构紧凑，存留下来的有山门、大殿、配殿、姥姆亭和北道院等建筑共52间。

■ 武当山顶峰

■ 武当山道观

院内有一口古井，井旁立着一根铁杵。传说少年真武就是在此受到了紫气元君以"铁杵磨绣针，功到自然成"的点化，最终修道成仙。

相传当年真武在紫霄峰下的一个岩洞里修行，后来人们把这个岩洞取名叫太子洞。

一年又一年，真武风餐露宿。夏天酷热难当，冬天风雪寒冽，真是又苦又寂寞，可是真武还是没有修成正果，所以他有些泄气了，准备起身回净乐国。

这天，真武动身返回净乐国。他走啊，走啊，走到一个山梁上。忽然看见一个白发老婆婆，正在石头上吃力地磨着一根铁杵。真武很奇怪，上前问老婆婆磨铁杵做什么，老婆婆告诉他想磨个绣花针。

真武奇怪地问："铁杵这么粗，绣花针那么小，磨到哪年哪月才能磨成针呢？"

老婆婆笑着说："铁杵磨绣针，功到自然成！"

进香 在道教和佛教中，把向神或佛烧香称为进香。这是对诸佛菩萨，还有众天神的重要供养方式。所进的香分两种，一种是实体的香，另一种是心香，就是修炼的决心。

真武哦了一声，告别了老婆婆继续赶路。真武走着走着，心里一亮，猛然醒悟。只要功夫深，铁杵磨成针，自己修炼不成，那是因为功夫还不到家啊。想到这里，真武转身，又上山修行去了。

原来，山梁磨针的老婆婆是天上女神紫气元君装扮的，特意以铁杵磨针来点化真武。

后来，人们在老婆婆磨针的地方建了一座宫殿，里面放置着碗口粗的大铁杵和磨针的大青石，把这座宫殿取名叫"磨针井"。

磨针井的主体建筑是祖师殿，为三开间殿堂。在殿前还埋着两根碗口粗的铁针，乌黑光亮，象征姥姆当年所磨铁杵。

祖师殿内供有真武青年时塑像。祖师殿旁的栏台高举，拱拥着一座井亭，重檐雕脊，凌空展飞，亭亭秀立，轻俏典雅。亭中有一眼井泉，水质清洌，甘甜如饴，传说品尝后能增添智慧。

在井亭的神龛内供奉的是紫气元君化身姥姆磨针的像。它手捧铁杵，头微侧偏，笑迎过往香客。以相当高的艺术造型，渲染了这个道教故事。

阅读链接

传说真武上山之后走着走着就迷路了，连方向都找不准了，他心焦如焚。这时有一只乌鸦飞来，在他头顶上盘旋。真武说，你要是能听懂我的话，就给我带路，我要找个好地方修炼。

那乌鸦真听懂了真武的话，就在树丛中飞一会儿停下了等他走来了，就又朝前飞，给他带路。就这样，真武在山里行走都是乌鸦在前面带路。